George Adolphus Jacob

The Mâhânârâyana-Upanishad, of the Atharva-Veda with the Dîpikâ of Nârâyana

Bombay Sanskit Series No. XXXV

George Adolphus Jacob

The Mâhânârâyana-Upanishad, of the Atharva-Veda with the Dîpikâ of Nârâyana
Bombay Sanskit Series No. XXXV

ISBN/EAN: 9783743382091

Manufactured in Europe, USA, Canada, Australia, Japa

Cover: Foto ©Lupo / pixelio.de

Manufactured and distributed by brebook publishing software
(www.brebook.com)

George Adolphus Jacob

The Mâhânârâyana-Upanishad, of the Atharva-Veda with the Dîpikâ of Nârâyana

The Department of Public Instruction, Bombay.

THE

MAHÂNÂRÂYAṆA-UPANISHAD

of the Atharva-Veda

WITH THE

DÎPIKÂ OF NÂRÂYAṆA.

EDITED

BY

Colonel G. A. Jacob

BOMBAY STAFF CORPS.

1,000 COPIES.

Registered for copy-right under Act XXV of 1867.

Bombay:

GOVERNMENT CENTRAL BOOK DEPÔT.

1888.

Price 11 *Annas.*

Bombay Sanskrit Series No. XXXV.

PREFACE.

The Upanishad comprised in the Tenth Book of the *Taittirîya Âranyaka* is well-known to scholars, and has been published both in Calcutta and in Bombay. In its Âtharvaṇa recension, however, it appears now in print for the first time. In this form it is generally styled the *Bṛihannârâyaṇa*, but I have adhered to the title given to it by Nârâyaṇa and found also in two manuscripts of the text. The Dîpikâ seems to be almost unknown. It does not appear in any of the Catalogues published in India, nor is there, so far as I know, any reference to it in the writings of Oriental scholars. Unfortunately, I have been compelled to edit it from the one manuscript belonging to the Government collection in Poona; but having failed to secure another copy, although I made enquiry in Calcutta, Benares and Bombay, I thought it better to put this forth tentatively, subject to future correction, rather than keep it back altogether.

Though Nârâyaṇa is the author of Notes on numerous Upanishads, still next to nothing is known of his history, or when and where he lived. That he was the son of S'rî-Ratnâkara and the grandson of S'rî-Nâtha, he himself tells us in the colophon to his Annotations on the Mâṇḍûkya Upanishad,—and this is almost all that I know about him!

I need scarcely remark that I have invariably adopted the reading of the text underlying the Dîpikâ, so far as it could be gathered from that source. As, however, Nârâyaṇa does not, like Sâyaṇa, give a running commentary on the entire Upanishad, but confines himself to the more difficult portions which need elucidation, it is manifest that the whole text is not contained in his work. I was most fortunate, however, in procuring the manuscript which I have marked F, for it is in such general accord with the fragments of the text given by Nârâyaṇa that one may safely assume it to represent, for the most part, that which he actually had before him.

A large portion of the Upanishad consists of extracts from the various *Samhitâs*. Many of them I have traced to their source, and have given the references in the Notes at the end of the volume. The references to the citations made by Nârâyaṇa have been inserted in the body of the Dîpikâ, in juxtaposition to the passage quoted. In some few instances, however, the effort to track the quotation to its lair has failed.

The MSS. used in preparing this edition were the following:—

- *A.* One of a set of Upanishads in the Government collection in Bombay,–No. 1 of 1883-84. It contains the text only and is fairly accurate. It was lent me by Professor Peterson.

- *B.* One of 59 Upanishads added to the Government collection in Poona in 1880-81, and numbered 133. It is beautifully written and generally trustworthy. It came from Gujarât and is dated Samvat 1757. It comprises the text alone.

- *C.* One of 52 Upanishads acquired at the same time as *B.* and in the same Province. It is less accurate than that however, though the text is practically the same. Its number in the Deccan College Library is 134.

- *D.* One of a set of 47 Upanishads purchased for the State in 1882-83. Vide Appendix II (B) to Professor Bhâṇḍârkar's Report for that year. It consists of the text only and is fairly accurate.

- *E.* Forms one of the valuable and almost unique set of Dîpikâs purchased in Gujarât for the Bombay Government in 1882-83. A complete list of its contents is given in Appendix J to the Report referred to above. It is old, well written, and generally reliable.

F. One of a fragmentary set of Upanishads (31-45) purchased in 1879-80, and numbered 140. It is old and extremely valuable. As stated above, it adheres more closely than any other manuscript to the text on which the Dîpikâ is based.

I am indebted therefore to the State for all the materials at my disposal, and my best thanks are due to the custodians of these valuable collections for the ready access to them which has been given me. It is to be hoped that the Indian Government will not, for many a long year, abandon the important work of buying up the Sanskrit manuscripts hidden away in private libraries. To publish lists of such libraries is of comparatively little use, for that by no means brings them within the reach of outsiders. The scholar who compiled the Catalogue of manuscripts owned by individuals in Gujarât was considerate enough to offer to procure copies when desired. He left the country however; and when his successor, at my request, applied through an assistant for the loan of an Upanishad named in the list, the supposed owner promptly denied that he had such a work in his *bhâṇḍâr*! The old S'âstrîs,—those living encyclopedias of learning,—are fast disappearing from the scene, an inevitable result of our rule : let us, however, do what we can to preserve and utilize the *silent* witnesses to the literary activity of this great country in the remote past.

I acknowledge with pleasure the assistance which I have received on points of grammar, from Chintâmaṇi S'âstrî Warûdkar, the Pandit of the Deccan College.

G. A. J.

Poona, 21st November 1887.

महानारायणोपनिषत्

महानारायणोपनिषत्

ओम्। नमो महते नारायणाय ॥ अम्भस्यपारे भुवनस्य मध्ये नाकस्य पृष्ठे महतो महीयान्। शुक्रेण ज्योतींषि समनुप्रविष्टः प्रजापतिश्चरति गर्भे अन्तः ॥ १ ॥ यस्मिन्निदं सं च वि चैति सर्वं यस्मिन्देवा अधि विश्वे निषेदुः। तदेव भूतं तदु भव्यमानमिदं तदक्षरे परमे व्योमन् ॥ २ ॥ येनावृतं खं च दिवं मही[1] च येनादित्यस्तपति तेजसा भ्राजसा च। यदन्तः समुद्रे कवयो वदन्ति तदक्षरे परमे प्रजाः[2] ॥ ३ ॥ यतः प्रसूता जगतः प्रसूती तोयेन जीवान्विससर्ज भूम्याम्। यंत[3] ओषधीभिः पुरुषान्पशूंश्च विवेश भूतानि चराचराणि ॥ ४ ॥ अतः परं नान्यदणीयसं हि परात्परं यन्महतो महान्तम्। यदेकमव्यक्तमनन्तरूपं विश्वं पुराणं तमसः परस्तात् ॥ ५ ॥ तदेवर्त्तं तदु सत्यमाहुस्तदेव ब्रह्म परमं कवीनाम्। इष्टापूर्त्तं बहुधा जातं[4] जायमानं विश्वं बिभर्त्ति भुवनस्य नाभिः ॥ ६ ॥ तदेवाग्निस्तद्वायुस्तत्सूर्यस्तदु चन्द्रमाः। तदेव शुक्रममृतं तद्ब्रह्म तदापः स प्रजापतिः ॥ ७ ॥ सर्वे निमेषा जज्ञिरे विद्युतः पुरुषादधि। कला मुहूर्त्ताः काष्ठाश्चाहोरात्राश्च सर्वशः ॥ ८ ॥ अर्द्धमासा मासा ऋतवः संवत्सरश्च कल्पताम्। स आपः प्रदुघे उभे इमे अन्तरिक्षमथो सुवः[5]

1. So E; other MSS. महीं च. 2. प्रजासु A. 3. So, apparently, E; the rest यत्. 4. A. omits. 5. भुवः A. B. C. D. and originally F.

॥ ९ ॥ नैनमूर्ध्वं न तिर्यञ्चं न मध्ये परिजग्रभत् । न तस्येशे कश्चन तस्य नाम महद्यशः ॥ १० ॥ न सन्दृशे तिष्ठति रूपमस्य न चक्षुषा पश्यति कश्चनैनम् । हृदा मनीषा मनसाभिकॢप्तो य एनं[1] विदुरमृतास्ते भवन्ति ॥ ११ ॥ अद्भ्यः सम्भूतो हिरण्यगर्भ इत्यष्टौ ॥ १२ ॥ १ ॥

एष[2] हि देवः प्र दिशोऽनु सर्वाः पूर्वो हि जातः स उ गर्भे अन्तः । स विजायमानः स जनिष्यमाणः प्रत्यं-[3]ङ्मुखस्तिष्ठति सर्वतोमुखः[4] ॥ १ ॥ विश्वतश्चक्षुरुत विश्वतोमुखो विश्वतोबाहुरुत[5] विश्वतस्पात् । सं बाहुभ्यां धमति सं पतत्रैर्द्यावापृथिवी[6] जनयन्देव एकः ॥ २ ॥ वेनस्तत्पश्यन्विश्वा भुवनानि विद्वान्यत्र विश्वं भवत्येकनीडम् । यस्मिन्निदं सं च वि चैकं स ओतः[7] प्रोतश्च विभुः प्रजासु ॥ ३ ॥ प्र तद्वोचे अमृतं नु विद्वान् गन्धर्वो नाम निहितं गुहासु । त्रीणि पदा निहिता गुहासु यस्तद्वेद स पितुः पितासत् ॥ ४ ॥ स नो बन्धुर्जनिता स विधाता धामानि वेद भुवनानि विश्वा । यत्र देवा अमृतत्व-[8]मानशानास्तृतीये धामान्यभ्यैरयन्त ॥ ५ ॥ परि द्यावापृथिवी यन्ति सद्यः परि लोकान्परि दिशः परि सुवः । ऋतस्य तन्तुं विततं विवृत्य तदपश्यत्तदभवत्तत्प्रजासु[9] ॥ ६ ॥ परीत्य लोकान्परीत्य भूतानि परीत्य सर्वाः प्रदिशो दि-

---

1. एतत् A. B. C. 2. एषो B. C. D. 3. प्रत्यङ्मुखाः B. C. F. 4. So, apparently, E; the rest विश्वतोमुखः. 5. °हस्तः F. 6. °भूमी A. B. C. D. F. 7. ओत B. C. 8. अमृतं all but E. 9. °भवत्प्रजासु A. B. C. D.

शश्च । प्रजापतिः प्रथमजा ऋतस्यात्मनात्मानमभिसम्बभूव ॥ ७ ॥ सदसस्पतिमद्भुतं प्रियमिन्द्रस्य काम्यम् । सनिं मेधामयासिषम् ॥ ८ ॥ उद्दीप्यस्व जातवेदोऽपघ्नन्निर्ऋतिं मम । पशूंश्च मह्यमावह जीवनं च दिशो दिशः[2] ॥ ९ ॥ मा नो हिंसीज्जातवेदो[3] गामश्वं पुरुषं जगत् । अबिभ्रदग्न आगहि श्रिया मा परिपातय ॥१०॥२॥

तत्पुरुषस्य[4] विद्महे सहस्राक्षस्य महादेवस्य धीमहि । तन्नो रुद्रः प्रचोदयात् ॥ १ ॥ तत्पुरुषाय विद्महे महादेवाय धीमहि । तन्नो रुद्रः प्रचोदयात् ॥ २ ॥ तत्पुरुषाय विद्महे नन्दिकेश्वराय धीमहि । तन्नो वृषभः प्रचोदयात् ॥ ३ ॥ तत्पुरुषाय विद्महे वक्रतुण्डाय धीमहि । तन्नो दन्ती प्रचोदयात् ॥ ४ ॥ षण्मुखाय विद्महे महासेनाय धीमहि । तन्नः षष्ठः प्रचोदयात् ॥ ५ ॥ पावकाय विद्महे सप्तजिह्वाय धीमहि । तन्नो वैश्वानरः प्रचोदयात् ॥६॥ वैश्वानराय विद्महे लालेलाय धीमहि । तन्नो अग्निः प्र-

1. °शिपं is the reading of E. with that of the text as variant. 2. द्दिश F. 3. So E; other MSS. हिंसीः. 4. A. C. omit Mantras 11 and 14, and arrange the rest in different order. They read षष्टिः for षष्ठः in Mantra 5.– B. has only 7, viz. 1. 2. 4. 3. 15. 12. and 16. It, with D, reads कात्यायनाय and कन्यकुमारि in Mantra 12.– D has 10, namely 1. 2. 3. 15. 12. 16. 8. 7, and the two following:– वेदात्मनाय विद्महे हिरण्यगर्भाय धीमहि । तन्नो ब्रह्मा प्रचोदयात् ॥ वज्रणखाय विद्महे तीक्ष्णदंष्ट्राय धीमहि । तन्नो नारसिंहः प्रचोदयात् ॥ F. has the 18 of the text, but in slightly different order; and also the following:– नवकुलाय विद्महे विपदन्ताय धीमहि । तन्नः सर्पः प्रचोदयात् ॥

चोदयात् ॥ ७ ॥ भास्कराय विद्महे दिवाकराय धीमहि। तन्नः सूर्यः प्रचोदयात् ॥ ८ ॥ दिवाकराय विद्महे महाद्युतिकराय धीमहि। तन्न आदित्यः प्रचोदयात् ॥९॥ आदित्याय विद्महे सहस्रकिरणाय धीमहि। तन्नो भानुः प्रचोदयात् ॥ १० ॥ तीक्ष्णशृंगाय विद्महे वक्रपादाय धीमहि। तन्नो वृषभः प्रचोदयात् ॥ ११ ॥ कात्यायन्यै विद्महे कन्यकुमार्यै धीमहि। तन्नो दुर्गा प्रचोदयात्॥१२॥ महाशूलिन्यै विद्महे महादुर्गायै धीमहि। तन्नो भगवती प्रचोदयात् ॥ १३ ॥ सुभगायै विद्महे काममालिन्यै धीमहि। तन्नो गौरी प्रचोदयात् ॥ १४ ॥ तत्पुरुषाय विद्महे सुपर्णपक्षाय धीमहि। तन्नो गरुडः प्रचोदयात् ॥ १५ ॥ नारायणाय विद्महे वासुदेवाय धीमहि। तन्नो विष्णुः प्रचोदयात् ॥ १६ ॥ नृसिंहाय विद्महे वज्रनखाय धीमहि। तन्नः सिंहः प्रचोदयात् ॥ १७ ॥ चतुर्मुखाय विद्महे कमण्डलुधराय धीमहि। तन्नो ब्रह्मा प्रचोदयात् ॥ १८ ॥ ३ ॥

सहस्रपरमा देवी शतमूला शतांकुरा। सर्वं हरतु मे पापं दूर्वा दुःस्वप्ननाशिनी ॥ १ ॥ दूर्वा अमृतसम्भूताः शतमूलाः शतांकुराः। शतं मे घ्नन्ति पापानि शतमायुर्विवर्द्धति[2] ॥ २ ॥ काण्डात्काण्डात्प्ररोहन्ती परुषः परुषः परि। एवा नो दूर्वे प्रतनु सहस्रेण शतेन च ॥ ३ ॥ अश्वक्रान्ते रथक्रान्ते विष्णुक्रान्ते वसुन्धरे। शिरसा धा-

1. This, and the two following words, are singular in A. B. C. D. 2. °वार्द्धिनी A. B, °वर्धनि C.

रिता देवि रक्षस्व[1] मां पदे पदे ॥ ४ ॥ उद्धृतासि वराहेण कृष्णेन शतबाहुना । [2]भूमिर्धेनुर्धरित्री च धरणी लोकधारिणी । तेन या ब्रह्मदत्तासि काश्यपेनाभिमन्त्रिता[3] ॥ ५ ॥ मृत्तिके हर मे पापं यन्मया दुष्कृतं कृतम् । त्वया हतेन पापेन जीवामि शरदः शतम् ॥ ६ ॥ वाचा कृतं कर्मकृतं मनसा दुर्विचिन्तितम् । त्वया[4] हतेन पापेन गच्छामि परमां गतिम् । मृत्तिके देहि मे पुष्टिं त्वयि सर्वं प्रतिष्ठितम् ॥ ७ ॥ गन्धद्वारां दुराधर्षां नित्यपुष्टां करीषिणीम् । ईश्वरीं सर्वभूतानां तामिहोपह्वये श्रियम् ॥ ८ ॥ ओं भूर्लक्ष्मीर्भुवर्लक्ष्मीः सुवःकालकर्णी तन्नो महालक्ष्मीः प्रचोदयात् ॥ ९ ॥ पद्मप्रभे पद्मसुन्दरि धर्मरतये[5] स्वाहा ॥ १० ॥ हिरण्यशृंगं वरुणं प्रपद्ये तीर्थं मे देहि याचितः । यन्मया भुक्तमसाधूनां पापेभ्यश्च प्रतिग्रहः ॥ ११ ॥ यन्मे मनसा वाचा कर्मणा वा दुष्कृतं कृतम् । तन्मे इन्द्रो वरुणो बृहस्पतिः सविता च पुनन्तु पुनः पुनः ॥ १२ ॥ सुमित्रिया न आप ओषधयः सन्तु दुर्मित्रियास्तस्मै भूयासुर्योऽस्मान्द्वेष्टि यं च वयं द्विष्मः ॥१३॥ ४ ॥

नमोऽग्नयेऽसुमते[6] नम इन्द्राय नमो वरुणाय नमो वारुण्यै नमोऽद्भ्यः । यदपां क्रूरं यदमेध्यं यदशान्तं तद-

---

1. मां रक्षस्व A–D. 2. भूमिस्त्वं धेनुर्धरणी धरित्री लोकधारिणी । C.. 3. This line not in B. C; in margin of D. 4. A. B. C. D. omit this line. 5. E. gives also धर्मकृतये; A. C. have °ऋषये, and F. °ऋतये. 6. I have conjecturally supplied the *avagraha;* the MSS. read सुमते. It is not noticed in E. The Taittirîya has अप्सुमते.

पगच्छतात् ॥ १ ॥ अत्याशनादतीपानाद्यच्च [1]उग्रात्प्र-
तिग्रहात् । तन्मे वरुणो राजा पाणिना ह्यवमर्शतु ॥ २ ॥
सोऽहमपापो विरजो निर्मुक्तो मुक्तकिल्बिषः । नाकस्य
पृष्ठमारुह्य गच्छेद्ब्रह्मसलोकताम् ॥ ३ ॥ इमं मे गंगे य-
मुने सरस्वति शुतुद्रि स्तोमं सचता [2]परुष्ण्या । असिक्न्या
मरुद्वृधे वितस्तयार्जीकीये शृणुह्या सुषोमया ॥ ४ ॥ ऋ-
तं च सत्यं चाभीद्धात्तपसोऽध्यजायत । ततो [3]रात्र्यजाय-
त ततः समुद्रो अर्णवः ॥ ५ ॥ समुद्रादर्णवादधि संव-
त्सरो अजायत । अहोरात्राणि विदधद्विश्वस्य मिषतो
वशी ॥ ६ ॥ सूर्याचन्द्रमसौ धाता यथापूर्वमकल्पयत् ।
दिवं च पृथिवीं चान्तरिक्षमथो स्वः ॥ ७ ॥ यत्पृथिव्या
रजः स्वमान्तरिक्षे विरोदसी । इमास्तदापो वरुणः पु-
नात्वघमर्षणः ॥ ८ ॥ एष [4]सर्वस्य भूतस्य भव्ये भुवनस्य
गोप्ता । एष पुण्यकृतां लोकानेष मृत्यो हिरण्मयः । द्या-
वापृथिव्योर्हिरण्मयं [5]संशृतं सुवः । स नः सुवः संशिशा-
धि ॥ ९ ॥ आर्द्रं ज्वलति ज्योतिरहमस्मि । ज्योतिर्ज्व-
लति ब्रह्माहमस्मि । योऽहमस्मि ब्रह्माहमस्मि । [6]अहमे-
वाहं मां जुहोमि स्वाहा ॥ १० ॥ अकार्यकार्यवकीर्णी
स्तेनो भ्रूणहा गुरुतल्पगः । वरुणोऽपामघमर्षणस्तस्मा-
त्पापात्प्रमुच्यते ॥ ११ ॥ रजो भूमिस्त्वमाँरोदयस्व प्रव-
दन्ति धीराः । पुनन्तु ऋषयः पुनन्तु वसवः पुनातु व-
रुणः पुनात्वघमर्षणः ॥ १२ ॥ ५ ॥

---

1. दुष्टात् F. 2. Does E. require परुष्णिया ? 3. रात्रिः A. D.
4. Not in A. B. 5. संस्तृतं A. B. C. D. 6. स्वयमेवाहं A. B. C. D.

उपनिषदि ७ खण्डः । ७

अक्रान्तसमुद्रः प्रथमे विधर्मन् जनयन्प्रजा भुवनस्य राजा । वृषा पवित्रे अधि सानो अव्ये बृहत्सोमो वावृधे सुवान इन्दुः ॥ १ ॥ जातवेदसे सुनवाम सोममरातीयतो निदहाति वेदः । स नः पर्षदति दुर्गाणि विश्वा नावेव सिन्धुं दुरितात्यग्निः ॥ २ ॥ तामग्निवर्णां तपसा ज्वलन्तीं वैरोचनीं कर्मफलेषु जुष्टाम् । दुर्गां देवीं शरणमहं प्रपद्ये सुतरसि[1] तरसे नमः ॥ ३ ॥ अग्ने त्वं पारया नव्यो अस्मान् स्वस्तिभिरति दुर्गाणि विश्वा । पूश्च पृथ्वी बहुला न उर्वी भवा तोकाय तनयाय शंयोः ॥ ४ ॥ विश्वानि नो दुर्गहा जातवेदः सिन्धुर्न[2] नावा दुरितातिपर्षि । अग्ने अत्रिवन्नमसा[3] गृणानोऽस्माकं बोध्यविता तनूनाम् ॥ ५ ॥ पृतनाजितं सहमानमग्निमुग्रं हुवेम परमात्सधस्थात् । स नः पर्षदतिदुर्गाणि विश्वा क्षामद्देवो अतिदुरितात्यग्निः ॥ ६ ॥ प्रत्नो हि कमीड्यो अध्वरेषु सनाच्च होता नव्यश्च सत्सि । स्वां चाग्ने तन्वं[4] पिप्रयस्वा[5]स्मभ्यं च सौभगमायजस्व ॥[6] ७ ॥ परस्ताद्यशो गुहासु मम सुपर्णपक्षाय धीमहि । शतबाहुना पुनरजायत सुवो राजा सधस्थां[7] त्रीणि च ॥ ८ ॥

ओं भूरग्नये पृथिव्यै स्वाहा । भुवो वायवेऽन्तरिक्षाय स्वाहा । सुवरादित्याय दिवे स्वाहा । भूर्भुवःसुवश्चन्द्रमसे दिग्भ्यः स्वाहा । नमो देवेभ्यः स्वधा पितृभ्यो भूर्भुवःसु-

1. सुतरसि तरसे B. C. 2. सिन्धुं A. B. C. F. 3. अत्रिवन्मनसा F. 4. तनुवं D. F. 5. पिप्रायस्व A. B. C. 6. प्रथमः खण्डः । A. B. C. 7. सधस्थात् F.

वरग्निरोम् ॥ १ ॥ भूरन्नमग्नये पृथिव्यै स्वाहा । भुवोऽन्नं वायवेऽन्तरिक्षाय स्वाहा । सुवरन्नमादित्याय दिवे स्वाहा । भूर्भुवःसुवरन्नं चन्द्रमसे दिग्भ्यः स्वाहा । नमो देवेभ्यः स्वधा पितृभ्यो भूर्भुवःसुवरन्नमोम् ॥ २ ॥ भूरग्नये च पृथिव्यै च महते च स्वाहा । भुवो वायवे चान्तरिक्षाय च महते च स्वाहा । सुवरादित्याय च दिवे च महते च स्वाहा । भूर्भुवःसुवश्चन्द्रमसे च नक्षत्रेभ्यश्च दिग्भ्यश्च महते च स्वाहा । नमो देवेभ्यः स्वधा पितृभ्यो भूर्भुवःसुवर्महरोम् ॥ ३ ॥ पाहि नो अग्न एनसे स्वाहा । पाहि नो विश्ववेदसे स्वाहा । यज्ञं पाहि विभावसो स्वाहा । सर्वं पाहि शतक्रतो स्वाहा ॥ ४ ॥ यश्छन्दसामृषभो विश्वरूपश्छन्दोभ्यश्छन्दांस्याविवेश । सतां शंक्यः[1] प्रोवाचोपनिषदिन्द्रो ज्येष्ठ इन्द्राय ऋषिभ्यो नमो देवेभ्यः स्वधा पितृभ्यो भूर्भुवःसुवश्छन्द ओम् ॥ ५ ॥ नमो ब्रह्मणे धारणं मे अस्त्वनिराकरणं धारयिता भूयासं कर्णयोः श्रुतं मा च्योढ्वं ममामुष्य ओम् ॥ ६ ॥ ७ ॥

ऋतं तपः सत्यं तपः श्रुतं तपः शान्तं तपो दानं तपो यज्ञस्तपो भूर्भुवःसुवर्ब्रह्मैतदुपास्यैतत्तपः ॥ १ ॥ यथा वृक्षस्य सम्पुष्पितस्य दूराद्गन्धो वात्येवं पुण्यस्य कर्मणो दूराद्गन्धो वाति । यथासिधारां कर्त्तेऽवहितामवक्रामे[2]द्यद्युवे[3] वेह वेहवा विह्वलिष्यामि कर्त्तं पतिष्यामीत्येवमनृतादात्मानं जुगुप्सेत् ॥ २ ॥ अणोरणीयान्महतो महीयान्-

---

1. शिक्यः F. 2. अवकामेत् all but E. 3. यद्युतेहवा A. B. C. D.

यानात्मा गुहायां निहितोऽस्य जन्तोः। तमक्रतुं पश्यति वीतशोको धातुः[1] प्रसादान्महिमानमीशम् ॥ ३ ॥ सप्त प्राणाः प्रभवन्ति तस्मात्सप्तार्चिषः समिधः सप्त जिह्वाः। सप्त इमे लोका येषु चरन्ति प्राणा गुहाशया निहिताः सप्त सप्त ॥ ४ ॥ अतः समुद्रा गिरयश्च सर्वे अस्मात्स्यन्दन्ते सिन्धवः सर्वरूपाः। अतश्च विश्वा ओषधयो रं[2]सश्च येनैष भूतैस्तिष्ठते ह्यन्तरात्मा ॥ ५ ॥ ८ ॥

ब्रह्मा देवानां पदवीः कवीनामृषिर्विप्राणां महिषो मृगाणाम्। श्येनो गृध्राणां स्वधितिर्वनानां सोमः पवित्रमत्येति रेभन् ॥ १ ॥ अजामेकां लोहितशुक्लकृष्णां बह्वीं प्रजां जनयन्तीं सरूपाम्। अजो ह्येको जुषमाणोऽनुशेते जहात्येनां भुक्तभोगामजोऽन्यः ॥ २ ॥ हंसः शुचिषद्वसुरन्तरिक्षसद्धोता वेदिषदतिथिर्दुरोणसत्। नृषद्वरसदृतसद्व्योमसदब्जा गोजा ऋतजा अद्रिजा ऋतं बृहत् ॥ ३ ॥ यस्मान्न जातः परो अन्यो अस्ति य आविवेश भुवनानि विश्वा। प्रजापतिः प्रजया संविदानस्त्रीणि ज्योतींषि सचते स षोडशी ॥ ४ ॥ विधर्त्तारं[3] हवामहे वसोः कुविद्वनाति नः। सवितारं नृचक्षसम् ॥ ५ ॥ अद्या नो देव सवितः प्रजावत्सावीः सौभगम्। परा दुःष्वप्नियं सुव ॥ ६ ॥ विश्वानि देव सवितर्दुरितानि परासुव। यद्भद्रं तन्न आसुव ॥ ७ ॥ मधु वाता ऋतायते मधु क्षरन्ति सिन्धवः। माध्वीर्नः सन्त्वोषधीः ॥ ८ ॥

---

1. धातुप्रसादात् is given in E. as a variant. 2. रसाश्च A. D. 3. E. gives विभक्तारं as a variant.

मधु नक्तमुतोषसो मधुमत्पार्थिवं रजः। मधु द्यौरस्तु
नः पिता ॥ ९ ॥ मधुमान्नो वनस्पतिर्मधुमाँ अस्तु सू-
र्यः। माध्वीर्गावो भवन्तु नः ॥ १० ॥ घृतं मिमिक्षे घृ-
तमस्य योनिर्घृते[1] श्रितो घृतम्वस्य धाम। अनुष्वधमाव-
ह मादयस्व स्वाहाकृतं[2] वृषभ वक्षि हव्यम् ॥ ११ ॥ स-
मुद्रादूर्मिर्मधुमाँ उदारदुपांशुना सममृतत्वमानट्। घृ-
तस्य नाम गुह्यं यदस्ति जिह्वा देवानाममृतस्य नाभिः
॥ १२ ॥ वयं नाम प्रब्रवामा घृतस्यास्मिन्यज्ञे[3] धारयामा
नमोभिः। उप ब्रह्मा शृणवच्छस्यमानं चतुःशृंगोऽवमी-
द्गौर एतत् ॥ १३ ॥ ९ ॥

चत्वारि शृंगा त्रयो अस्य पादा द्वे शीर्षे सप्त हस्ता-
सो अस्य। त्रिधा बद्धो वृषभो रोरवीति महो देवो म-
र्त्याँ आविवेश ॥ १ ॥ त्रिधा हितं पणिभिर्गुह्यमानं ग-
वि देवासो घृतमन्वविन्दन्। इन्द्र एकं सूर्य एकं जजा-
न वेनादेकं स्वधया निष्टतक्षुः ॥ २ ॥ यो देवानां प्रथ-
मं पुरस्ताद्विश्वाधिको रुद्रो महर्षिः। हिरण्यगर्भं पश्य-
त जायमानं स नो देवः शुभया स्मृत्या संयुनक्ति ॥ ३ ॥
यस्मात्परं नापरमस्ति किञ्चिद्यस्मान्नाणीयो न ज्यायो
ऽस्ति कश्चित्। वृक्ष इव स्तब्धो दिवि तिष्ठत्येकस्तेनेदं
पूर्णं पुरुषेण सर्वम् ॥ ४ ॥ न कर्मणा न प्रजया धनेन
त्यागेनैके अमृतत्वमानशुः। परेण नाकं निहितं गुहा-
यां विभ्राजते यद्यतयो विशन्ति ॥ ५ ॥ वेदान्तविज्ञानसु-
निश्चितार्थाः सन्यासयोगाद्यतयः शुद्धसत्त्वाः। ते ब्रह्म-

1. घृतेन D. F. 2. स्वाहाघृतं D. F. 3. घृतेन all but E.

लोकेषु परान्तकाले परामृताः परिमुच्यन्ति सर्वे ॥ ६ ॥ [1]दह्रं विपाप्मं [2]वरं वेश्मभूतं यत्पुण्डरीकं पुरमध्यसंस्थम् । तत्रापि [1]दह्रं गगनं विशोकस्तस्मिन्यदन्तस्तदुपासितव्यम् ॥ ७ ॥ यो वेदादौ स्वरः प्रोक्तो वेदान्ते च प्रतिष्ठितः । तस्य प्रकृतिलीनस्य यः परः स महेश्वरः ॥ ८ ॥ अजोऽन्यः [3]सुविभा नाभिः सर्वमस्यैवं[4] ॥ १० ॥

सहस्रशीर्षं देवं विश्वाख्यं विश्वशम्भुवम् । विश्वं नारायणं देवमक्षरं परमं प्रभुम् ॥ १ ॥ विश्वतः परमं नित्यं विश्वं नारायणं हरिम् । विश्वमेवेदं पुरुषस्तद्विश्वमुपजीवति ॥ २ ॥ पतिं विश्वस्यात्मेश्वरं शाश्वतं शिवमच्युतम् । नारायणं महाज्ञेयं विश्वात्मानं परायणम् ॥ ३ ॥ नारायणः परं ब्रह्मतत्त्वं नारायणः परः । नारायणः परो ज्योतिरात्मा नारायणः परः ॥ ४ ॥ नारायणः परो ध्याता ध्यानं नारायणः परः । परादपि [5]परश्चासु तस्माद्यस्तु परात्परः ॥ ५ ॥ यच्च किञ्चिज्जगत्यस्मिन्दृश्यते श्रूयतेऽपि वा । अन्तर्बहिश्च तत्सर्वं व्याप्य नारायणः स्थितः ॥ ६ ॥ अनन्तमव्ययं कविं [6]समुद्रेतं विश्वशम्भुवम् । पद्मकोशप्रतीकाशं [7]सुषिरं चाप्यधोमुखम् ॥ ७ ॥ अधो[8]निष्ट्या वितस्त्यां तु नाभ्यामुपरि तिष्ठति । हृदयं तद्विजानीयाद्विश्वस्यायतनं महत् ॥ ८ ॥ सततं तु शि-

1. दहरं A. B. C. D. 2. वर A. B. C. 3. सुवभां A. B. C; so orig: D, but it has been altered to सुविभाति विश्व. F has सुविभां. 4. A. B. C. D. add योनि च. 5. परश्चास्तु A. B. C. D. 6. समुद्रेऽन्तं C. 7. हृदयं D. F. 8. दृष्ट्या A. C.

राभिस्तु लम्बत्याकोशसन्निभम् । तस्यान्ते सुषिरं सूक्ष्मं तस्मिन्त्सर्वं प्रतिष्ठितम् ॥ ९ ॥ तस्य मध्ये महानग्निर्विश्वार्चिर्विश्वतोमुखः । सोऽग्रभुग्विभजंस्तिष्ठन्नाहारमक्षयः कविः ॥ १० ॥ सन्तापयति स्वं देहमापादतलमस्तकम् । तस्य मध्ये वह्निशिखा अणीयोर्ध्वा व्यवस्थिता ॥ ११ ॥ नीलतोयदमध्यस्था विद्युल्लेखेव भा[1]सुरा । नीवारशूकवत्तन्वी पीता[2]भा स्यात्तनूपमा ॥ १२ ॥ तस्याः शिखाया मध्ये[3] परमात्मा व्यवस्थितः । स ब्रह्मा स शिवः सेन्द्रः सोऽक्षरः परमः स्वराट् ॥ १३ ॥ अथातो योग जिह्वा मे मधुवादिनी । अहमेव कालो नाहं कालस्य ॥१४॥ नारायणः स्थितो व्यवस्थितश्चत्वारि च ॥ ११ ॥

ऋतं सत्यं परं ब्रह्म पुरुषं कृष्णपिंगलम् । ऊर्ध्वरेतं विरूपाक्षं विश्वरूपाय वै नमः ॥ १ ॥ आदित्यो वा एष एतन्मण्डलं तपति । तत्र ता ऋचस्तदृचां[4] मण्डलं स ऋचां लोकोऽथ य एष एतस्मिन्मण्डले अर्चिषि पुरुषस्तानि यजूंषि स य[5]जुषां मण्डलं स यजुषां लोकोऽथ य एष एतस्मिन्मण्डले अर्चिर्दीप्यते तानि सामानि स सा[6]म्नां मण्डलं स साम्नां लोकः सैषा त्रय्येव विद्या तपति य एषोऽन्तरादित्ये हिरण्मयः पुरुषः ॥ २ ॥ आदित्यो वै तेज ओजो बलं यशश्चक्षुःश्रोत्रमात्मा मनो मन्युर्मनुर्मृत्युः सत्यो मित्रो वायुराकाशः प्राणो लोकपालकः[7] । किं[8] त-

---

1. भास्वरा B. C. D. F. 2. पीता भास्वत्यनूपमा B. C. 3. A. C. insert तु. 4. ऋचा A. B. C. D. 5. यजुषा A. B. C. D. 6. साम्ना A. B. C. D. 7. लोकपालः कः A. B. C. D. 8. किं कं A. B. C. D.

त्सत्यमन्नमायुरमृतो जीवो विश्वः। कतमः स्वयम्भूः प्रजापतिः संवत्सर इति। संवत्सरोऽसावादित्यो य एष पुरुष एष भूतानामधिपतिः। ब्रह्मणः सायुज्यं सलोकतामाप्नोत्येतासामेव देवतानां सायुज्यं सार्ष्टितां समानलोकतामाप्नोति य एवं वेदेत्युपनिषत् ॥ ३ ॥ [1]१२ ॥

घृणिः सूर्य आदित्य ओम् ॥ अर्चयन्ति तपः सत्यं मधु क्षरन्ति तद्ब्रह्म तदाप आपो ज्यो[2]तीरसोऽमृतं ब्रह्म भूर्भुवःस्वरोम् ॥ १ ॥ सर्वो वै रुद्रस्तस्मै रुद्राय नमो अस्तु। पुरुषो वै रुद्रस्तन्महो नमो नमः। विश्वं भूतं [3]भव्यं भुवनं चित्रं बहुधा जातं जायमानं च यत्। सर्वो ह्येष रुद्रस्तस्मै रुद्राय नमो अस्तु ॥ २ ॥ कद्रुद्राय प्रचेतसे मीळ्हुष्टमाय तव्यसे। वोचेम शन्तमं हृदे ॥ सर्वो ह्येष रुद्रस्तस्मै रुद्राय नमो अस्तु ॥ ३ ॥ नमो हिरण्यबाहवे हिरण्यवर्णाय हिरण्यरूपाय हिरण्यपतये। अम्बिकापतये उमापतये नमो नमः ॥ ४ ॥ यस्य वैकंकत्यग्निहोत्रहवणी भवति प्रतिष्ठिताः प्रत्येवास्याहुतयस्तिष्ठन्त्यथो प्रतिष्ठित्यै ॥ ५ ॥ कृणुष्व पाज इति पञ्च ॥ ६ ॥ अदितिर्देवा गन्धर्वा मनुष्याः पि[4]तरोऽसुरास्तेषां सर्वभूतानां माता मेदिनी [5]पृथिवी महती मही सावित्री गायत्री जगत्युर्वी पृथ्वी बहुला विश्वा भूता। कतमा का या सा सत्येत्यमृतेति वसिष्ठः ॥ ७ ॥ १३ ॥

---

1. इत्यथर्ववेदे बृहन्नारायणोपनिषत्समाप्ता ॥ ३९ ॥ A; similarly B. C. 2. ज्योति A. B. C. D. 3. Not in A. B. C. D. 4. पशवो A. B. C. D. 5. Not in A. B. C; in margin of D.

आपो वा इदं सर्वं विश्वा भूतान्यापः प्राणो[1] वा आपः पशव आपो अन्नमापोऽमृतमापः सम्राडापो विराडापः स्वराडापश्छन्दांस्यापो ज्योतींष्यापो यजूंष्यापः सत्यमापः सर्वा देवता आपो भूर्भुवःसुवराप ओम् ॥ १ ॥ आपः पुनन्तु पृथिवीं पृथिवी पूता पुनातु माम् । पुनन्तु[2] ब्रह्मणस्पतिर्ब्रह्मपूता[3] पुनातु माम् । यदुच्छिष्टमभोज्यं[4] यद्वा दुश्चरितं मम । सर्वं पुनन्तु मामापो असतां च प्रतिग्रहं [5]स्वाहा ॥ २ ॥ अग्निश्च मा मन्युश्च मन्युपतयश्च मन्युकृतेभ्यः पापेभ्यो रक्षन्ताम् । यदह्ना पापमकार्षं मनसा वाचा हस्ताभ्यां पद्भ्यामुदरेण शिश्ना अहस्तदवलुम्पतु यत्किञ्च दुरितं मयि । इदमहं माममृतयोनौ सत्ये ज्योतिषि जुहोमि स्वाहा ॥ ३ ॥ सूर्यश्च मा मन्युश्च मन्युपतयश्च मन्युकृतेभ्यः पापेभ्यो रक्षन्ताम् । यद्रात्र्या पापमकार्षं मनसा वाचा हस्ताभ्यां पद्भ्यामुदरेण शिश्ना रात्रिस्तदवलुम्पतु यत्किञ्च दुरितं मयि । इदमहं माममृतयोनौ सूर्ये ज्योतिषि जुहोमि स्वाहा ॥ ४ ॥ [6]अहर्नो अत्यपीपरद्रात्रिर्नो अतिपारयद्रात्रिर्नो अत्यपीपरदहर्नो अतिपारयत् ॥ ५ ॥ १४ ॥

आयातु वरदा देवी अक्षरं ब्रह्मसम्मितम् । गायत्री छन्दसां माता इदं ब्रह्म जुषस्व नः ॥ ओजोऽसि सहोऽसि बलमसि भ्राजोऽसि देवानां धाम नामासि विश्व-

---

1. प्राणाः all but E. 2. पुनातु A. C. 3. पूतं A. C. 4. अभोज्यं वा A. C. 5. A. C. insert जुहोमि before स्वाहा. 6. This Mantra is in E. only.

मसि विश्वायुः सर्वमसि सर्वायुरभिभूरोम् ॥ गायत्रीमावाहयामि सावित्रीमावाहयामि सरस्वतीमावाहयामि ॥ १ ॥ ओं भूः । ओं भुवः । ओं स्वः । ओं महः । ओं जनः । ओं तपः । ओं सत्यं । ओं तत्सवितुर्वरेण्यं भर्गो देवस्य धीमहि । धियो यो नः प्रचोदयात् । ओमापो [1]ज्योतीरसोऽमृतं ब्रह्म भूर्भुवःस्वरोम् ॥ २ ॥ ओं भूर्भुवः सुवर्महर्जनस्तपः सत्यं मधु क्षरन्ति । तद्ब्रह्म तदाप आपो ज्योतीरसोऽमृतं ब्रह्म भूर्भुवःस्वरोम्[2] ॥ ३ ॥ ओं तद्ब्रह्म । ओं तद्वायुः । ओं तदात्मा । ओं तत्सर्वम् । ओं त[3]त्पुरों नमः ॥ ४ ॥ उ[4]त्तमे शिखरे दे[5]वी भूम्यां पर्वतमूर्द्धनि । ब्राह्मणेभ्यो ह्यनुज्ञाता गच्छ देवि यथासुखम् ॥ ५ ॥ ओम् । अन्तश्चरसि भूतेषु गुहायां वि[6]श्वमूर्त्तिषु । त्वं यज्ञस्त्वं विष्णुस्त्वं वषट्कारस्त्वं रुद्रस्त्वं ब्रह्मा त्वं प्रजापतिः ॥ ६ ॥ अमृतोपस्तरणमसि ॥ ७ ॥ प्राणे निविष्टोऽमृतं जुहोमि प्राणाय स्वाहा । अपाने निविष्टोऽमृतं जुहोमि अपानाय स्वाहा । व्याने निविष्टोऽमृतं जुहोमि व्यानाय स्वाहा । उदाने निविष्टोऽमृतं जुहोमि उदानाय स्वाहा । समाने निविष्टोऽमृतं जुहोमि समानाय स्वाहा ॥ ८ ॥ प्राणे निविष्टोऽमृतं जुहोमि । [7]शिवोमाविशाप्रदाहाय । प्राणाय स्वाहा ॥ अ-

1. ज्योति C. D. F. 2. This Mantra is not in A. C. 3. तत्पुनरोम् F, तत्पुरो A. C. 4. उत्तरे is a variant. E. 5. देवि F. 6. E. gives विश्वतोमुखः as a variant. 7. E. gives शिवो मा° as a variant, and that is the reading of the other MSS.

पाने निविष्टोऽमृतं जुहोमि । शिवोमाविशाप्रदाहाय । अपानाय स्वाहा ॥ व्याने निविष्टोऽमृतं जुहोमि । शिवोभाविशाप्रदाहाय । व्यानाय स्वाहा ॥ उदाने निविष्टोऽमृतं जुहोमि । शिवोमाविशाप्रदाहाय । उदानाय स्वाहा ॥ समाने निविष्टोऽमृतं जुहोमि । शिवोमाविशाप्रदाहाय । समानाय स्वाहा ॥ ९ ॥ [1]अमृतापिधानमसि । ब्रह्मणि स आत्मामृतत्वाय ॥ १० ॥ १५ ॥

श्रद्धायां प्राणे निविश्यामृतं हुतम् । प्राणमन्नेनाप्यायस्व ॥ अपाने निविश्यामृतं हुतम् । अपानमन्नेनाप्यायस्व ॥ व्याने निविश्यामृतं हुतम् । व्यानमन्नेनाप्यायस्व ॥ उदाने निविश्यामृतं हुतम् । उदानमन्नेनाप्यायस्व ॥ समाने निविश्यामृतं हुतम् । समानमन्नेनाप्यायस्व ॥ ब्रह्मणि स आत्मामृतत्वाय ॥ १ ॥ प्राणानां ग्रन्थिरसि [2]रुद्रोमाविशान्तकस्तेनान्नेनाप्यायस्व ॥ २ ॥ अंगुष्ठमात्रः पुरुषो अंगुष्ठं च समाश्रितः । ईशः सर्वस्य जगतः प्रभुः प्रीणाति विश्वभुक् ॥ ३ ॥ मेधा देवी जुषमाणा न आगाद्विश्वाची भद्रा सुमनस्यमाना । त्वया जुष्टा जुषमाणा [3]दुरुक्तान् बृहद्वदेम विदथे सुवीराः ॥ त्वया जुष्ट ऋषिर्[4]भवतु देवी त्वया ब्रह्मा गतश्रीरुत त्वया । त्वया जुष्टश्चित्रं विन्दते वसु सा नो जुषस्व द्रविणेन मेधे ॥ ४ ॥ मेधां मे इन्द्रो [5]ददातु मेधां देवी सरस्वती । मेधां मे

---

1. In all but E, this follows the words ब्रह्मणि &c. 2. रुद्रो मा° E. as variant, and so the other MSS. 3. दुरुक्तात् A. B. C. D. 4. भवति देवि A. B. C. D. 5. दधातु A. F.

अश्विनावुभावाधत्तां[1] पुष्करस्रजौ ॥ ५ ॥ अप्सरासु च या मेधा गन्धर्वेषु च यन्मनः । दैवी मेधा मनुष्यजा सा मां मेधा सुरभिर्जुषताम् ॥ ६ ॥ आ मां मेधा सुरभिर्विश्वरूपा हिरण्यवर्णा जगती जंगम्या[2] । ऊर्जस्वती पयसा पिन्वमाना सा मां मेधा सुप्रतीका जुषताम् ॥७॥ ॥ १६ ॥

सद्योजातं प्रपद्यामि सद्योजाताय वै नमः । भवे भवे नातिभवे भजस्व मां भवोद्भवाय नमः ॥ १ ॥ वामदेवाय नमो ज्येष्ठाय नमः श्रेष्ठाय नमो रुद्राय नमः कालाय नमः कलविकरणाय[3] नमो बलविकरणाय नमो[4] बलप्रमथनाय नमः सर्वभूतदमनाय नमो मनोन्मनाय[5] नमः ॥२॥ अघोरेभ्योऽथ घोरेभ्यो घोर घोरतरेभ्यः । सर्वतः सर्व सर्वेभ्यो नमस्ते अस्तु रुद्ररूपेभ्यः ॥ ३ ॥ तत्पुरुषाय विद्महे महादेवाय धीमहि । तन्नो रुद्रः प्रचोदयात् ॥४॥ ईशानः सर्वविद्यानामीश्वरः सर्वभूतानां ब्रह्माधिपतिर्ब्रह्मणोऽधिपतिर्ब्रह्मा शिवो मे अस्तु सदाशिवोम् ॥ ५ ॥ ब्रह्म मेतु माम् । मधु मेतु माम् । ब्रह्म मेऽव मधु मेतु माम् । यस्ते सोम प्रजावत्सोऽभि सो अहम् । दुःस्वप्नहन्दुरुष्वहा । यांस्ते सोम प्राणांस्ताञ्जुहोमि ॥ त्रिसुपर्णमयाचितं ब्राह्मणाय दद्यात् । ब्रह्महत्यां वा एते घ्नन्ति ये ब्राह्मणास्त्रिसुपर्णं पठन्ति ते सोमं प्राप्नुवन्त्यासहस्रात्पंक्तिं पुनन्ति । ओम् ॥ ६ ॥ ब्रह्ममेधया मधुमेधया ब्रह्म

1. °दत्तां A. C. 2. जगत्या A. B. C. D. 3. काल° A. C.
4. B. F (margin) add बलाय नमः 5. मनोन्मननाय A. B. C.

मेऽव मधुमेधया ॥ अद्या नो देव सवितः प्रजावत्सा-
वीः सौभगं । परा दुः[1]ष्वप्नियं सुव ॥ विश्वानि देव सवि-
तर्दुरितानि परासुव । यद्भद्रं तन्न आसुव ॥ मधु वाता
ऋतायते मधु क्षरन्ति सिन्धवः । माध्वीर्नः सन्त्वोषधीः ॥
मधु नक्तमुतोषसो मधुमत्पार्थिवं रजः । मधु द्यौरस्तु
नः पिता ॥ मधुमान्नो वनस्पतिर्मधुमाँ अस्तु सूर्यः ।
माध्वीर्गावो भवन्तु नः ॥ य इ[2]मं त्रिसुपर्णमयाचितं ब्रा-
ह्मणाय दद्यात् । भ्रूणहत्यां वा एते घ्नन्ति ये ब्राह्मणास्त्रि-
सुपर्णं पठन्ति ते सोमं प्राप्नुवन्त्यासहस्रात्पंक्तिं पुनन्ति ।
ओम् ॥ ७ ॥ ओं ब्रह्ममेधवा मधुमेधवा ब्रह्म मेऽव
मधुमेधवा ॥ ब्रह्मा देवानां पदवीः कवीनामृषिर्विप्राणां
महिषो मृगाणाम् । श्येनो गृध्राणां स्वधितिर्वनानां
सोमः पवित्रमत्येति रेभन् ॥ हंसः शुचिषद्वसुरन्तरिक्ष-
सद्धोता वेदिषदतिथिर्दुरोणसत् । नृषद्वरसदृतसद्व्योमस-
दब्जा गोजा ऋतजा अद्रिजा ऋतं बृहत् ॥ य इ[3]मं त्रि-
सुपर्णमयाचितं ब्राह्मणाय दद्यात् । वीरहत्यां वा एते
घ्नन्ति ये ब्राह्मणास्त्रिसुपर्णं पठन्ति ते सोमं प्राप्नुवन्त्या-
सहस्रात्पंक्तिं पुनन्ति । ओम् ॥ ८ ॥ १७ ॥

देव[4]कृतस्यैनसोऽवयजनमसि स्वाहा । मनुष्यकृतस्यैन-
सोऽवयजनमसि स्वाहा । पितृकृतस्यैनसोऽवयजनमसि

---

1. दुःष्वप्न्यं A. B. C. 2. इदं A. B. C. 3. इदं A. B. C. D. 4. Sections 18 and 19, and the first 14 Mantras of Section 20, are not in B. C. D, or in the *Taittirîya* recension of this Upanishad as commented on by Sâyaṇa.

स्वाहा । आत्मकृतस्यैनसोऽवयजनमसि स्वाहा । अन्य-
कृतस्यैनसोऽवयजनमसि स्वाहा । यद्दिवा च नक्तं चैन-
श्चकृम[1] तस्यावयजनमसि स्वाहा । यद्विद्वांसश्चाविद्वांस-
श्चैनश्चकृम[1] तस्यावयजनमसि स्वाहा । यच्चाहमेनो वि-
द्वांसश्चाविद्वांसश्चैनश्चकृम[2] तस्यावयजनमसि स्वाहा । य-
त्स्वपन्तश्च जाग्रतश्चैनश्चकृम[2] तस्यावयजनमसि स्वाहा ।
यत्सुषुप्तश्च जाग्रतश्चैनश्चकृम तस्यावयजनमसि स्वाहा ।
एनस एनसोऽवयजनमसि स्वाहा ॥ १ ॥ कामोऽका-
र्षीन्नाहं करोमि कामः करोति कामः कर्त्ता कामः का-
रयिता । एतत्ते काम कामाय स्वाहा ॥ २ ॥ मन्युरका-
र्षीन्नाहं करोमि मन्युः करोति मन्युः कर्त्ता मन्युः कार-
यिता । एतत्ते मन्यो मन्यवे स्वाहा ॥ ३ ॥ १८ ॥

[3]तिलाः कृष्णास्तिलाः श्वेतास्तिलाः सौम्या वशानु-
गाः । तिलाः पुनन्तु मे पापं यत्किञ्चिद्दुरितं मयि स्वा-
हा । यन्मे मनसा वाचा कर्मणा वा दुष्कृतं कृतम् ।
दुःस्वप्नं दुर्जनस्पर्शं तिलाः शान्तिं [4]कुर्वन्तु स्वाहा । चौ-
रस्यान्नं नवश्राद्धं ब्रह्महा गुरुतल्पगः । गोस्तेयं सुरापा-
नं भ्रूणहत्यां तिलाः [5]शमयन्तु स्वाहा । गणान्नं गणिकान्नं
कुष्टान्नं पतितान्नं भुक्त्वा वृषलीभोजनम् । श्रद्धा प्रजा च
मेधा च तिलाः शान्तिं [4]कुर्वन्तु स्वाहा । श्रीश्च पुष्टिश्चा-
नृण्यं ब्रह्मण्यं बहुपुत्रिणम् । श्रद्धा प्रजा च मेधा च ति-

---

1. F. has been altered to कृतमस्या°. 2. कृतमस्या° A. 3. तिलाः कृष्णास्तिलाः सौम्यास्तिलाः सर्ववशानुगाः । A. 4. So, apparently, E; but शमयन्तु A. F. 5. F. inserts शान्तिं.

लाः शान्तिं कुर्वन्तु[1] स्वाहा ॥ १ ॥ अग्नये स्वाहा । वि-
श्वेभ्यो देवेभ्यः स्वाहा । ध्रुवाय भूमाय[2] स्वाहा । ध्रुव-
क्षितये स्वाहा । धूमाय[3] स्वाहा । अच्युतक्षितये स्वाहा ।
अग्नये स्विष्टकृते स्वाहा । धर्माय स्वाहा । अधर्माय
स्वाहा । अद्भ्यः स्वाहा । ओषधिवनस्पतिभ्यः[4] स्वाहा ।
रक्षोदेवजनेभ्यः स्वाहा । गृह्याभ्यः[5] स्वाहा । अवसाने-
भ्यः स्वाहा । अवसानपतिभ्यः स्वाहा । सर्वभूतेभ्यः
स्वाहा । कामाय[6] स्वाहा । अन्तरिक्षाय स्वाहा । यदेजति
जगति यच्च चेष्टति नान्यो[7] भागो यत्नान्मे[8] स्वाहा । पृ-
थिव्यै स्वाहा । अन्तरिक्षाय स्वाहा । दिवे स्वाहा । सू-
र्याय स्वाहा । चन्द्रमसे स्वाहा । नक्षत्रेभ्यः स्वाहा । इ-
न्द्राय स्वाहा । बृहस्पतये स्वाहा । प्रजापतये स्वाहा ।
ब्रह्मणे[6] स्वाहा । स्वधा पितृभ्यः । नमो रुद्राय पशुपतये
स्वाहा । देवेभ्यः स्वाहा । पितृभ्यः स्वधा अस्तु । भूतेभ्यो
नमः । मनुष्येभ्यो हन्ता[9] । परमेष्ठिने स्वाहा ॥ २ ॥ १९ ॥

ये भूताः प्रचरन्ति दिवानक्तं बलिमिच्छन्तो वितुद-
स्य प्रेष्ठाः । तेभ्यो बलिं पुष्टिकामो हरामि मयि पुष्टिं
पुष्टिपतिर्दधातु स्वाहा ॥ १ ॥ सजोषा इन्द्र[10] सगणो म-
रुद्भिः सोमं पिब वृत्रहञ्छूर[11] विद्वान् । जहि शत्रूंरपमृ-
धो नुदस्वाथाभयं कृणुहि विश्वतो नः ॥ २ ॥ त्रातार-

---

1. See note 4 on the previous page.　2. Not in A.
3. Not in F.　4. °धी A.　5. गुहेभ्यः A.　6. Not in A.
7. मान्यो is a variant. E.　8. यन्नाम्ने F.　9. हन्तः A, हन्ताः F.
10. इन्द्रः F.　11. वृत्रहा F.

उपनिषदि २० खण्डः ।　　　२१

मिन्द्रमवितारमिन्द्रं हवे हवे सुहवं शूरमिन्द्रम । ह्वयामि शक्रं पुरुहूतमिन्द्रं स्वस्ति नो मघवा धात्विन्द्रः ॥ ३ ॥ यत इन्द्र भयामहे ततो नो अभयं कृधि । मघवञ्छग्धि तव तन्न[1] ऊतिभिर्विद्विषो विमृधो जहि ॥ ४ ॥ स्वस्तिदा विशाम्पतिर्वृत्रहा विमृधो वशी । वृषेन्द्रः पुर एतु नः सोमपा अभयंकरः ॥ ५ ॥ ऊर्ध्व ऊ षु ण ऊतये तिष्ठा देवो न सनिता[2] । ऊर्ध्वो वाजस्य सनिता[2] यदञ्जिभिर्वाघद्भिर्विह्वयामहे ॥ ६ ॥ तरणिर्विश्वदर्शतो ज्योतिष्कृदसि सूर्य । विश्वमाभासि रोचनम[3] ॥ ७ ॥ उपयामगृहीतोऽसि सूर्याय त्वा भ्राजस्वत एष ते योनिः सूर्याय त्वा भ्राजस्वते ॥ ८ ॥ विष्णुमुखा वै देवाश्छन्दोभिरिमाँल्लोकाननपजय्यमभ्यजयन् ॥ ९ ॥ श्री मे भजत । अलक्ष्मी मे नश्यत ॥ १० ॥ महाँ इन्द्रो वज्रबाहुः षोडशी शर्म यच्छतु । स्वस्ति नो मघवा करोतु हन्तु पाप्मानं योऽस्मान्द्वेष्टि ॥ ११ ॥ शरीरं यज्ञः शमलं कुसीदं तस्मिन्त्सीदतु योऽस्मान्द्वेष्टि ॥ १२ ॥ वरुणस्य स्कम्भनमसि वरुणस्य स्कम्भसर्जनमसि । उन्मुक्तो वरुणस्य पाशः ॥ १३ ॥ त्रीणि पदा विचक्रमे विष्णुर्गोपा अदाभ्यः । इतो धर्माणि[4] धारयन् ॥ १४ ॥ प्रा[5]णापानव्यानोदानसमाना मे शुध्यन्ताम् । ज्योतिरहं विरजा विपाप्मा भूयासं स्वाहा ॥ १५ ॥ वाङ्मनश्चक्षुःश्रोत्रजिह्वाघ्राणरेतोबुद्ध्याकूतिसंकल्पा मे° ॥१६॥ शिरः-

---

1. त्वं नः E (as variant), F.　2. सविता A. F.　3. रोचन A.　4. धर्मा धारयति A.　5. B. C. D. recommence here.

पाणिपादपार्श्वपृष्ठोदरजंघाशिश्नोपस्थपायवो मे° ॥ १७ ॥ त्वक्चर्ममांसरुधिरस्नायु[1]मेदोस्थिमज्जा मे° ॥ १८ ॥ शब्दस्पर्शरसरूपगन्धा मे° ॥ १९ ॥ पृथिव्यप्तेजोवाय्वाकाशा मे° ॥ २० ॥ अन्नमयप्राणमयमनोमयविज्ञानमयानन्दमया मे° ॥ २१ ॥ विचिं[2]टि स्वाहा ॥ २२ ॥ खखोल्काय स्वाहा ॥ २३ ॥ उत्तिष्ठ पुरुषाहरितपिंगल लोहिताक्ष देहि देहि ददापयिता मे शुध्यन्ताम् । ज्योतिरहं° ॥ २४ ॥ शुक्रशोणितओजांसि मे शुध्यन्ताम् । ज्योतिरहं विरजा विपाप्मा भूयासं स्वाहा ॥ २५ ॥ २० ॥

ओं स्वाहा ॥ १ ॥ सत्यं परं परं सत्यं सत्येन न सुवर्गाल्लोकाच्च्यवन्ते कदाचन सतां हि सत्यं तस्मात्सत्ये रमन्ते ॥ तप इति तपो नानशनात्परं यद्धि परं तपस्तद्दुर्धर्षं तद्दुराधर्षं तस्मात्तपसि रमन्ते ॥ दम इति नियतं ब्रह्मचारिणस्तस्माद्दमे रमन्ते ॥ शम इत्यरण्ये मुनयस्तस्माच्छमे रमन्ते ॥ दानमिति सर्वाणि भूतानि प्रशंसन्ति दानान्नातिदुष्करं तस्माद्दाने रमन्ते ॥ धर्म इति धर्मेण सर्वमिदं परिगृहीतं धर्मान्नातिदुश्चरं तस्माद्धर्मे रमन्ते ॥ [3]प्रजननमिति भूयांसस्तस्माद्भूयिष्ठाः प्रजायन्ते तस्माद्भूयिष्ठाः प्रजनने रमन्ते ॥ अग्नय इत्याहुस्तस्मादग्नय आ[4]धातव्याः ॥ अग्निहोत्रमित्याहुस्तस्मादग्निहोत्रे

1. स्नायु not in A. B. C; in margin of D. 2. चिविटि A. B. C; विविटि D. Some texts add विधिक्ष स्वाहा E. 3. प्रजनन इति A. B. D. F; प्रजन इति C. 4. आध्या° A. B. C; आध्मयि° D.

रमन्ते ॥ यज्ञ इति यज्ञो हि देवानां यज्ञेन हि देवा दिवं गतास्तस्माद्यज्ञे रमन्ते ॥ मानसमिति विद्वांसस्तस्माद्विद्वांस एव मानसे रमन्ते ॥ न्यास इति ब्रह्मा ब्रह्मा हि परः परो हि ब्रह्मा तानि वा एतान्यवराणि तपांसि न्यास एवात्यरेचयत्। य एवं वेदेत्युपनिषत् ॥ २ ॥ ॥ २१ ॥

प्राजापत्यो हारुणिः [1]सौपर्णेयः प्रजापतिं पितरमुपससार किं भगवन्तः परमं वदन्तीति। तस्मै प्रोवाच सत्येन वायुरावाति सत्येनादित्यो रोचते दिवि सत्यं वाचः प्रतिष्ठा सत्ये सर्वं प्रतिष्ठितं तस्मात्सत्यं परमं वदन्ति। तपसा देवा देवतामग्र आयंस्तपसर्षयः सुवरन्वविन्दंस्तपसा सपत्नान्प्रणुदामारातीस्तपसि सर्वं प्रतिष्ठितं तस्मात्तपः परमं वदन्ति। दमेन दान्ताः किल्बिषमवधून्वन्ति[2] दमेन ब्रह्मचारिणः सुवरगच्छन्दमो भूतानां दुराधर्षं दमे सर्वं प्रतिष्ठितं तस्माद्दमः परमं वदन्ति। शमेन शान्ताः शिवमाचरन्ति शमेन नाकं मुनयोऽन्वविन्दञ्छमो भूतानां दुराधर्षं शमे सर्वं प्रतिष्ठितं तस्माच्छमः परमं वदन्ति। दानं यज्ञानां वरूथं दक्षिणा लोके दातारं सर्वभूतान्युपजीवन्ति दानेनारातीरपानुदन्त दानेन द्विषन्तो मित्रा भवन्ति दाने सर्वं प्रतिष्ठितं तस्माद्दानं परमं वदन्ति। धर्मो विश्वस्य जगतः प्रतिष्ठा लोके धर्मिष्ठं प्रजा उपसर्पन्ति धर्मेण पापमपनुदन्ति धर्मे सर्वं प्रति-

1. सुपर्णेयः A. B. C. D. 2. °धुन्वन्ति B. C. D.

ष्ठितं तस्माद्धर्मं परमं वदन्ति । प्रजननं वै प्रतिष्ठा लोके[1] साधु[2]प्रजावांस्तन्तुं तन्वानः पितॄणामनृणो भवति तदेव तस्यानृणं तस्मात्प्रजननं परमं वदन्ति । अग्नयो वै त्रयी विद्या देवयानः[3] पन्था गार्हपत्यमृक् पृथिवी रथन्तरमन्वाहार्यपचनो यजुरन्तरिक्षं[4] वामदेव्यमाहवनीयः साम सुवर्गो लोको बृहत्तस्मादग्नीन् परमं वदन्ति । अग्निहोत्रं सा[5]यम्प्रातर्गृहाणां निष्कृतिः स्विष्टं[6] सुहुतं यज्ञक्रतूनां प्रा[7]यणं सुवर्गस्य लोकस्य ज्योतिस्तस्मादग्निहोत्रं परमं वदन्ति ॥ १ ॥ २२ ॥

यज्ञ इति यज्ञो हि देवानां यज्ञेन हि देवा दिवं गता यज्ञेनासुरानपानुदन्त यज्ञेन हि द्विषन्तो मित्रा भवन्ति यज्ञे सर्वं प्रतिष्ठितं तस्माद्यज्ञं परमं वदन्ति । मानसं वै प्राजापत्यं पवित्रं मानसेन मनसा साधु पश्यति मा[8]नसा ऋषयः प्रजा असृजन्त मानसे सर्वं प्रतिष्ठितं तस्मान्मानसं परमं वदन्ति । न्यास इत्याहुर्मनीषिणो ब्रह्माणम् । ब्रह्मा विश्वः कतमः । स्वयम्भूः प्रजापतिः संवत्सर इति । संवत्सरोऽसावादित्यो य एष आदित्ये पुरुषः स एव परमेष्ठी ब्रह्मात्मा । याभिरादित्यस्तपति रश्मिभिस्ताभिः पर्जन्यो वर्षति पर्जन्येनौषधिवनस्पतयः प्रजायन्त ओषधिवनस्पतिभिरन्नं भवत्यन्नेन प्राणाः प्राणैर्बलं बलेन तप-

---

1. Not in A. B. C. 2. °प्रजायाः all but E. 3. देवयानं A. B. C. 4. A. B. C. D. insert here वायुर्दक्षिणाग्निः. 5. सायम्प्रातः सायम्प्रातः A. B. C. D. 6. कृतं is added in margin of D, and was originally in F. 7. प्रयाणं A. C. 8. मनसा B. C. and originally F.

स्तपसा श्रद्धा श्रद्धया मेधा मेधया मनीषा मनीषया मनो मनसा शान्तिः शान्त्या चित्तं चित्तेन स्मृतिः स्मृत्या स्मारं स्मारेण विज्ञानं विज्ञानेनात्मानं वेदयति । तस्मादन्नं ददन्त्सर्वाण्येतानि ददात्यन्नात्प्राणा भवन्ति भूतानां प्राणैर्मनो मनसश्च विज्ञानं विज्ञानादानन्दो ब्रह्मयोनिः । स वा एष पुरुषः पञ्चधा पञ्चात्मा येन सर्वमिदं [1]प्रोतं पृथिवी चान्तरिक्षं च द्यौश्च दिशश्चावान्तरदिशाश्च सर्वैः सर्वमिदं जगत् ॥ १ ॥ २३ ॥

स भूतं स च भव्यं जिज्ञासासक्तिपूरितं जारयिष्ठाः । श्रद्धासत्यो महस्वांस्तपसोपरिष्टाज्ज्ञात्वा तमेवं मनसा हृदा च भूयो न मृत्युमुपयाहि विद्वान् । तस्मान्न्यासमेषां तपसामतिरिक्तमाहुः ॥ १ ॥ वसुरण्यो विभूरसि प्राणे त्वमसि सन्धाता ब्रह्मन् त्वमसि विश्वसृक् तेजोदास्त्वमस्यग्नेर्वर्चोदास्त्वमसि सूर्यस्य द्युम्नोदास्त्वमसि चन्द्रमसः । उपयाम गृहीतोऽसि । ब्रह्मणे त्वा महस ओमित्यात्मानं युञ्जीत । एतद्वै महोपनिषदं देवानां गुह्यम् । य एवं वेद ब्रह्मणो महिमानमाप्नोति तस्माद्ब्रह्मणो महिमानमित्युपनिषत् ॥ २ ॥ २४ ॥

तस्यैवंविदुषो यज्ञस्यात्मा यजमानः श्रद्धा पत्नी शरीरमिध्म उरो वेदिर्लोमानि बर्हिर्वेदः शिखा हृदयं यूपः काम आज्यं मन्युः पशुस्तपोऽग्निर्दमः[2] शमयिता दक्षिणा वाग्घोता प्राण उद्गाता चक्षुरध्वर्युर्मनो ब्रह्मा श्रो-

1. ओतप्रोतं A. B. D. 2. धर्मः A. C.

त्रमब्रवीत् । यावद्ध्रियते सा दीक्षा यदश्नाति तद्धविर्यत्पिबति तदस्य सोमपानं यद्रमते तदुपसदो यत्सञ्चरत्युपविशत्युत्तिष्ठते च स प्रवर्ग्यो यन्मुखं तदाहवनीयो यो[1]ह्याहुतीराहुती यदस्य विज्ञानं तज्जुहोति यत्सायम्प्रातरत्ति तत्समिधो यत्सा[2]यम्प्रातर्मध्यन्दिनं च तानि सवनानि । ये अहोरात्रे ते दर्शपूर्णमासौ ये अर्द्धमासाश्च मासाश्च ते चातुर्मास्यानि य ऋतवस्ते पशुबन्धा ये संवत्सराश्च परिवत्सराश्च तेऽहर्गणाः सर्ववेदसं वा एतत्सत्रं यन्मरणं तदवभृथः । एतद्वै जरामर्यमग्निहोत्रं सत्रं य एवं विद्वानुदगयने प्रमीयते देवानामेव महिमानं गत्वादित्यस्य सा[3]युज्यं गच्छत्यथ यो दक्षिणे प्रमीयते पितॄणामेव महिमानं गत्वा चन्द्रमसः सायुज्यं गच्छति । एतौ वै सूर्याचन्द्रमसोर्महिमानौ ब्राह्मणो विद्वानभिजयति त[4]स्माद्ब्राह्मणो महिमानमाप्नोति तस्माद्ब्राह्मणो महिमानमाप्नोतीत्युपनिषत् ॥ १ ॥ २५ ॥

[5]इत्याथर्वणीये महानारायणोपनिषत् ।

---

1. या व्याहृतिराहुतिः A. B. C. D; या व्याहृतीराहुतीः F. and a Benares College MS. of Sâyaṇa's *Bhâshya*. 2. A. B. C. omit सायं. 3. महिमानं D. 4. So all the MSS. of the text; but see close of preceding Section. 5. इत्यथर्ववेदे बृहन्नारायणोपनिषत् ॥ ४० ॥ A, and similarly B. C. The reading in D. was originally that of the text, but has been changed to इति यजुर्वेदे तैत्तिरीयशाखायां महानारायणोपनिषत् ।

महानारायणोपनिषद्दीपिका

महानारायणोपनिषद्दीपिका ।

महानारायणीयेऽत्र तैत्तिरीये शिरस्यपि । पञ्चविंशतिसंख्याकाश्चतुर्स्त्रिंशे तु खण्डकाः ॥ आदिदेवस्य नारायणस्य वैकुण्ठपतेरुपनिषदमुक्त्वा क्षीराब्धिशायिनो जगदन्तर्यामिणोऽन्तर्यामिब्राह्मणप्रतिपाद्यस्य सगुणब्रह्मणो वस्तुतो गुणातीतस्य नारायणस्योपनिषदमाह **अम्भस्यपार इति** । अपारे गम्भीरेऽम्भस्युदके समनुप्रविष्टस्तथा भुवनस्यैहिकस्य मध्ये तथा नाकस्य द्युलोकस्य पृष्ठे समनुप्रविष्टः । शुक्रेण वीर्येण ज्योतींषि नक्षत्राणि समनुप्रविष्टः प्रजानां सर्वलोकानां पतिः सर्वस्य गर्भे अन्तर्गूढश्चरति । स एव सर्वात्मेत्यर्थः । अत एवात्र देवतान्तरमन्त्रा अपि तदात्मभूतनारायणपरा एवेत्येकवाक्यता ॥ १ ॥ **सं च वि चैति** समेति च व्येति चेत्यर्थः । यस्मिन्निति । विश्वे सर्वे देवा यस्मिन्नधि यदीश्वरा निषेदुः स्थिताः । "यस्मादधिकं यस्य चेश्वरवचनं तत्र सप्तमी" (पा. २. ३. ९.) । आनमिदम् । अनितीत्यानं प्राणिजातम् । इदं प्रत्यक्षं तदप्रत्यक्षम् । अक्षरे नित्ये परमे व्योमन् व्योम्नि वर्त्तते ॥ २ ॥ **मही च** आवृतेति विपरिणामः । भ्राजसा तेजःकार्येण दीप्त्या । तत्तत्र प्रजा वर्त्तन्ते ॥ ३ ॥ **प्रसूती** क्तिजन्तत्वेन ईकारः । तोयेन कृत्वा भूम्यां जीवान्विससर्ज विसृष्टवान् क्षिप्तवान् । "अभ्रं भूत्वा मेघो भवति मेघो भूत्वा प्रवर्षति त इह व्रीहियवा ओषधिवनस्पतयस्तिलमाषा इति जायन्त" इति श्रुत्यन्तरात् (छा. ५. १०. ६.) । यतस्तोयादोषधीभिर्व्रीह्यादिभिः पुरुषान्पशूंश्च ससर्ज सृष्ट्वा च विवेश । तदुक्तम् । "यो यो ह्यन्नमत्ति यो रेतः सिञ्चति तद्भूय एव भवतीति" (छा. ५. १०. ६.) ॥ ४ ॥ **अणीयसं** अणीय एव । स्वार्थिकोऽकारः । यथा "कानीयसा एव देवा ज्यायसा असुरा" इति (बृह. १. ३. १.) ।

महान्तं महत् ॥ ५ ॥ **तदेवर्त्तम्** । ऋतं च सूनृता वाणी सत्यं यथार्थभाषणम् । ब्रह्म वेदः । नाभिर्यथा चक्रस्य तथा जगतः सर्वाधारत्वात् ॥ ६ ॥ **कल्पतां** समर्थतां गतः । स आप इति । "तस्मिन्नेतस्मिन्नग्नौ देवाः श्रद्धां जुह्वति तस्या आहुतेः सोमो राजा सम्भवतीति" श्रुतेः (छा. ५. ४. २.) । स आत्मा आपः कर्मफलं प्रदुधे पूरितवान् । के । उभे इमे । विशेषमाह अन्तरिक्षमथो सुवः । दुहिर्द्विकर्मकः । आपोऽपः-कर्मफलमन्तरिक्षस्वर्गलोकौ प्रहितवानित्यर्थः ॥ ९ ॥ ऊर्ध्वाधोमध्येषु **एनं** पुरुषं कश्चिन्न परिजग्रभत्परिगृहीतवान् सर्वत्र वर्त्तमानोऽप्ययं न केनापि ज्ञात इत्यर्थः । न तस्येति । तस्य कश्चन नेशे ईशो न बभूव । महद्यश इति तस्य नाम । "महो देवो मर्त्यानाविवेश" । भवामि यशसां यश इत्यादौ व्यवहारात् (ऋग्वेदः ४. ५८. ३; छा. ८. १४. १.) ॥ १० ॥ **हृदा** चित्तेन । मनीषा मनीड्बुद्धिस्तया । मनसा संकल्पविकल्पात्मकेन । अभिक्लृप्तो नानात्वं नीतः । एनं ये परमार्थतो विदुस्तेऽमृता मुक्ता भवन्ति ॥ ११ ॥ अद्भ्यः कर्मफलेभ्यो हिरण्यगर्भः सम्भूतः प्रादुर्भूतः । इत्यष्टाविति । इत्यारभ्याष्टौ मन्त्राः पूर्वकाण्डे पठिता अत्र पठितव्याः । यद्वा । इत्येवमष्टौ व्याप्तौ विष्णोः स्वरूपं निरूपितम् । अशू व्याप्तौ । अष्टिशब्देन समष्टिव्यष्टी द्वे अपि गृहीते ॥ १२ ॥ १ ॥

एष देवो हिरण्यगर्भरूपेण सर्वा दिशोऽनु लक्ष्यीकृत्य प्रवर्त्तते । उपसर्गेण धातोराक्षेपः । लक्षणेऽनुः कर्मप्रवचनीयः (पा. १. ४. ८४.) । तद्योगे दिश इति द्वितीया । पूर्वो हि यस्मादाद्यो जातः । "समवर्त्तताग्र" इति मन्त्रवर्णात् (ऋ. १०. १२१. १; वाज. २५. १०.) । स उ गर्भे मध्ये सर्वस्यान्तर्गतो वर्त्तते । स विजायमानो जनकः । यथा "समां समां विजायते" (पा. ५. २. १२.) । जनिष्यमाणो जन्यः । प्रत्यङ्मुखः सन्मुखो न पराङ्मुखः सर्वस्य । " पराञ्चि खानीति " श्रुतेः (कठ. ४.

१.) । इन्द्रियाणां पराङ्मुखत्वात्तेषामयं सन्मुखः सर्वतोमुखोऽपि पराङ्मुख इव न प्रकाशते ॥ १ ॥ **विश्वतोबाहुः** सर्वत्र दाता । उतापि विश्वतस्पाद्विश्वतः सर्वतः पादा यस्य । "सर्वतः पाणिपादं तत्सर्वतोऽक्षिशिरोमुखं । सर्वतः श्रुतिमल्लोके सर्वमावृत्य तिष्ठतीति" श्वेताश्वतरमन्त्रवर्णात् (३. १६.) । द्यावापृथिवी बाहुभ्यां सन्धमति पतत्रैर्वासनाख्यैः सं धमति द्यावाभूमी दीप्ते जननाभिमुखे करोति। जनयन् भूतानि ॥ २ ॥ **वेनो** विश्वसूत्रकृत्तत्कारणं पश्यन् विश्वानि कार्याणि जानन्वर्त्तते यत्र विश्वं भुवनमेकनीडमेकाश्रयं भवति । यस्मिन्निति । यस्मिन्पुरुष इदं सर्वं सं च धातोराक्षेपात्समष्टिरूपं वि च व्यष्टिरूपमेकं भवत्येकात्मकं भवति ॥ ३ ॥ **प्रतदिति** । गन्धर्वो नाम गायको वेदकर्त्ता संस्तत्प्रोचे प्रकर्षेणोक्तवान् । वाशब्दः समुच्चये । प्रयोजनाभिधानममृतं विद्वान् लोकानां मृत्युभयहरं ज्ञात्वेत्यर्थः । गुहासु निहितम् । परापश्यन्तीमध्यमारूपेण पदा निहिता निहितानि । ननु गुहासु निहितं चेत्कथं प्रोक्तवानत उक्तम् । त्रीण्येव पदानि स्थानानि गुहायां निहितानि तुरीयं तु वैखरीरूपं न निहितं तत्प्रोक्तवानित्यर्थः । "गुहा त्रीणि निहिता नेङ्गयन्ति तुरीयं वाचो मनुष्या वदन्तीति" च मन्त्रान्तरवर्णात् (ऋ. १. १६४. ४५.) । यः पुमांस्तद्वेद तद्गुहासु निहितं रूपं जानाति स पुमान्पितुः पिता असद्भवेत् । अस भुवि । "लिङर्थे लेट्" । तिप् । "इतश्च लोपः परस्मैपदेषु" । अट् । पित्त्वादल्लोपाभावः (पा. ३. ४. ७; ३. ४. ९७.) । उपदेष्टृणामुपदेष्टा भवेदित्यर्थः ॥ ४ ॥ मन्त्रद्रष्टृवाक्यं **स नो बन्धुरिति** । नः सर्वेषां जीवानां स बन्धुर्भ्राता । जनिता जनयिता जनकः पिता । "जनिता मन्त्रे" इति णिलोपनिपातनम् (पा. ६. ४. ५३.) । विधाता कर्त्ता कार्याणां स सर्वाणि धामानि स्थानानि वेद जनाति । यत्र देवा अमृतत्वमानशाना एतत्प्रसादादमृतत्वं प्राप्नुवन्तस्ते तृतीये धामानि तृतीयस्यामितो दिवि धामानि स्थानान्यभ्यैरयन्त कृतवन्तः ॥ ५ ॥ तेषां शक्ति-

विशेषमाह **परीति**। सद्य एव क्षणमात्रेणैव द्यावापृथिवी द्यावापृथिव्यौ परि परितो यन्ति गच्छन्ति। सुवः स्वः। देवस्य माहात्म्यमाह ऋतस्य सत्यस्य विततं विस्तीर्णं तन्तुमात्मस्वरूपाख्यं विवृत्य वृती(?) सन्दीपने सन्दीप्य तद्ब्रह्मापश्यत्तद्ब्रह्मैवाभवत् । "तदात्मानमेवावेदिति" श्रुतेः (बृह. १. ४. १०.)। तत्प्रजास्वभवन्मूर्त्तोमूर्त्तं वभूवेत्यर्थः ॥ ६ ॥ **परीत्य** व्याप्य। प्रजापतिर्हिरण्यगर्भः प्रथमजाः प्रथमोत्पन्न ऋतस्य सत्यस्यात्मना ब्रह्मस्वरूपेणात्मानमभिलक्ष्य सम्बभूव सम्भूतो लोकविदितो वभूव ब्रह्मरूपमात्मानं सम्भाव्य लोके ख्यातिं ययौ ॥ ७ ॥ कीदृशमात्मानम्। सदसः सभायाः पतिं स्वामिनमद्भुतं लोकेष्वाश्चर्यरूपं प्रियं लोकस्य न केवलं लोकस्यैव किन्त्विन्द्रस्यापि काम्यम्। सनि पणु दाने दातारं मेधामयाशिषं मेधामय्य आशिषो यस्य तं संकल्पमात्रोदितसिद्धिम् । मेधामयासिषमिति पाठे सनिं दातृत्वं मेधां बुद्धिमयासिषं प्राप्तुमाशंसे त्वत्प्रसादादिति शेषः । या प्रापणे । "आशंसायां भूतवच्चेति" लुङो मिपोऽम् सगिटौ (पा. ३. ३. १३२.) ॥८॥ भगवतः सर्वदेवमयत्वाद्ब्रह्मयादिदेवतारूपं तमेव तत्तदाशीःप्रदं स्तौतीत्यारभ्योपनिषत्समाप्त्यन्तमुद्दीप्यस्वेत्यादिना विनियोगस्तु मन्त्राणां गृह्यादितोऽवसेयः। छन्दांसि छन्दोविचितेरूह्यानि। मान्त्रलिंगिक्यो देवता ज्ञेयाः। उक्तं च "यस्य वाक्यं स ऋषिर्या तेनोच्यते सा देवता यदक्षरपरिमाणं तच्छन्द" इति (सर्वानुक्रमणी. २. ४–६.)। हे **जातवेदो** जातं वेदो ज्ञानं यस्माज्जातवेदास्तत्सम्बोधनं हे जातवेदस्त्वमुद्दीप्यस्व दीप्तो भव मम निर्ऋतिं राक्षसं विघ्नकर्त्तारमपघ्नन् हिंसन्मह्यं पशून् गवादीनावह देहि। दशदिशो जीवनं चान्नाद्यावह ॥ ९ ॥ **मा न इति**। सर्वो हिंसको नोऽस्माकं गवादि किं बहुना जगत्सर्वं मदीयं मा हिंसीत्। अविभ्रत्पुष्टिमदधानः सौम्यः संस्त्वमागह्यागच्छ श्रिया लक्ष्म्या मा परिपातय परिपतितं भ्रष्टं मा कृथाः ॥ १० ॥ २ ॥

गायत्र्या देवताप्रीतिहेतुत्वात्ताभिर्विष्णुरूपा एव नानादेवताः स्तौति **तत्पुरुषस्येत्यादिना** ॥ १ ॥ महादेवस्य गायत्रीमुक्त्वा तन्मूर्त्तेस्तत्पुरुषस्य गायत्रीमाह **तत्पुरुषायेति** ॥ २ ॥ ततो नन्दिकेश्वरस्य ॥ ३ ॥ ततो वक्रतुण्डस्य ॥ ४ ॥ ततः षण्मुखस्य । षष्ठः षण्णां पूरणो येनैकेनैव षट्पुत्रा माता सम्पन्ना ॥ ५ ॥ ततः पावकस्य तत्पितुः ॥ ६ ॥ ततोऽग्नेस्तत्स्वरूपविशेषस्य । लालेलाय लेलायमानाय । जिह्वाभिर्हविर्गृह्णते ॥ ७ ॥ ततो भास्करस्य ॥ ८ ॥ ततो दिवाकरस्य तद्विशेषरूपस्य । महाद्युतिकरायोदयेन त्रैलोक्यप्रकाशकराय ॥ ९ ॥ तत आदित्यस्य ॥ १० ॥ ततो वक्रपादस्य ॥ ११ ॥ ततः कात्यायन्याः ॥ १२ ॥ ततो महाशूलिन्याः ॥ १३ ॥ ततः सुभगायाः ॥ १४ ॥ ततो गरुडस्य । सुपर्णपक्षाय सुष्ठु पर्णानि येषां तादृशाः पक्षा यस्य ॥ १५ ॥ ततो नारायणस्य ॥ १६ ॥ ततो नृसिंहस्य ॥ १७ ॥ ततश्चतुर्मुखस्य ॥ १८ ॥ एवमष्टादश गायत्र्यः ॥ ३ ॥

दूर्वामन्त्रानाह **सहस्रेति** ॥ १ ॥ काण्डं गोलाः । प्ररोहन्त्यंकुरान्मुञ्चन्ती । परुषः पर्वणः । परि लक्ष्यीकृत्य । एवा नो दूर्वे प्रतनु हे दूर्वे त्वं नः प्रतन्वेव प्रततान्पुत्रपौत्रादिना कुर्वेव । एवा "निपातस्य चेति" दीर्घः (पा. ६. ३. १३६.) । एभिर्दूर्वा पूजनीया मान्त्रलिंगिकं फलम् ॥ ३ ॥ पृथिवीमन्त्रानाह **अश्वक्रान्त** इति । अश्वै रथैश्चाक्रान्ते क्षुण्णे । विष्णुक्रान्ते वामनेनाक्रान्तत्वात् । शिरसा धारिता शेषेणेति शेषः । शिरसि धृत्वा मन्त्रः पठनीयः ॥ ४ ॥ किं लौकिकेन वराहेण नेत्याह **कृष्णेनेति** वासुदेवेनेत्यर्थः । तेन वराहेण या त्वमुद्धृत्य ब्रह्मणे सृष्ट्यर्थं दत्तासि काश्यपेन कश्यपात्मजेनोपेन्द्रेणाभिमन्त्रिता प्रतिष्ठिता मन्त्रेणाभिमुखीकृता स्वीकृता ॥ ५ ॥ श्रीमन्त्रानाह **गन्धद्वारामिति** । कस्तूर्यादिगन्धो द्वारमभिव्यञ्जकं यस्याः सा । दुराधर्षामजितेन्द्रियैर्दुष्प्रधर्षां स्वभावलोलत्वात् । करीषिणीं करीषं गोम-

६ दीपिकायां ५ खण्डः ।

यं तद्वतीं "गोमये वसते लक्ष्मीरिति" स्मृतेः । ईश्वरीम् । अश्नोतेराशुकर्मणि वरटि ईश्नोपधाया इत्यनुवृत्तेरीत्वे ङीपि रूपमिति दुर्घटवृत्तिः । स्थेशभासेति वरचि ईश्वरेति स्यात् (पा. ३. २. १७५.) । त्वं श्रीस्त्वमीश्वरी त्वं ह्रीरिति चण्डी ॥ ८ ॥ **ओं भूरिति** यजुर्लक्ष्मीमन्त्रो नारसिंह उक्तः (पूर्वतापनी. ४. २.) ॥ ९ ॥ **पद्मप्रभ** इत्यादिः पद्मावतीमन्त्रः । क्वचिद्धर्मकृतय इति पाठः क्वचिद्व्रतय इति । लक्ष्म्या आराधने लक्ष्मीमुद्रा दर्शनीया सा यथा । "चक्रमुद्रां तथा बध्वा मध्यमे द्वे प्रसार्य च । कनिष्ठिके तथानीय तदग्रेऽङ्गुष्ठकौ क्षिपेत् । लक्ष्मीमुद्रा परा ह्येषा सर्वसम्पत्प्रदायिनीति" ॥ १० ॥ वरुणप्रार्थनामन्त्रो **हिरण्यशृंगमिति** ॥ ११ ॥ **पुनन्तु** शोधयन्तु निर्हरन्तु ॥ १२ ॥ अपां प्रार्थना **सुमित्रिया न** इति ॥ १३ ॥ ४ ॥

गच्छेत् । गच्छेयम् ॥ ३ ॥ नदीप्रार्थनामन्त्र **इमं म** इति । चत्वारि नदीसम्बोधनानि । स्तुतेर्मानं स्तोमः । हे गंगाद्या इमं मे मम स्तोमं स्तुतिं सचता । षच सम्बन्धे । सम्बद्धं कुरुत गृह्णीतेत्यर्थः । "ऋचि तुनुघमक्षुतङ्कुत्रोरुष्याणामिति" दीर्घः (पा. ६. ३. १३३.) । हे परुष्णि आ स्मरणे । छान्दसः सन्धिः । आङो वा क्रियासम्बन्धः । असिक्न्या असितया । "असितपलितयोर्न । क्नमेके" (कौमुदी. ४९६.) । असिक्न्या सह शृणुहि । "श्रुशृणुपृकृवृभ्यश्छन्दसि" (पा. ६. ४. १०२.) इति हेरलुक् । मत्कृतां स्तुतिं शृणु । द्वे अपि नदीविशेषे तथा हे मरुद्वृधे नादि वितस्तया नद्या सह शृणुहि हे आर्जीकीये नदि आ स्मृतम् । सुषोमया सोमोद्भवया नर्मदया नद्या सह शृणु मत्स्तुतिं गृहाण ॥ ४ ॥ **ऋतं** चेत्यघमर्षणमन्त्रः । ऋतं च सत्यं चेति द्वयमभीद्धाद्दीप्तात्तपसो ज्ञानलक्षणाद्धर्मादध्युपर्यजायतोत्पन्नं ततोऽनन्तरं रात्री । "रात्रेश्चाजसाविति" ङीप् (पा. ४. १. ३१.) । अजायत । कालव्यवहारो जातस्ततो रात्र्यनन्तरं तस्याः शीतत्वात्समुद्रो जातः । मुद्रासहितोऽपि भवती-

दीपिकायां ५ खण्डः । ७

त्यत आह अर्णव इति । अर्णांस्युदकानि सन्त्यस्यार्णवः । "अर्णसो लोपश्चेति" वः सलोपश्च (कौमुदी. १९१६.) ॥ ५ ॥ तदुपरि **संवत्सरो अजायत** । संगत्य वसन्त्यस्मिन्निति संवत्सरो दिवसः सहस्रसंवत्सरे सत्रे संवत्सरशब्दस्य दिवसाभिधायित्वनिर्णयात् । ताभ्यामहोरात्राणि विदधत्कृतवान् । विश्वस्य मिषतो निमेषोन्मेषं कुर्वतो लोकस्यायुःपरिमापकत्वेन सम्बन्धीन्यहोरात्राणि विदधदित्यन्वयः । वशी सर्वं वशेऽस्य वर्त्तते ॥ ६ ॥ **यथापूर्वं** पूर्वकल्पवत् । स्वः स्वर्गं स्वर्गोत्तमं दिव ऊर्ध्वं भागम् ॥ ७ ॥ **यत्पृथिव्यामिति** निमज्जनमन्त्रः । पृथिव्यां भूमौ यद्रजः स्वं रजसः स्वरूपं आ आश्रितं वर्त्तते व्याश्रितं वर्त्तते । उपसर्गेण क्रियाक्षेपः । अन्तरिक्षे यद्रजः स्वं विरोदसी विशिष्टं द्यावापृथिव्यौ यदाश्रितमिमास्तद्रज आप उदकरूपो वरुणो देवोऽघमर्षणः पापनाशनः पुनातु स्फेटयतु तस्माद्रजसः पवित्रीकरोतु ॥ ८ ॥ **एष सर्वस्येति** मृत्युप्रार्थनामन्त्रः । एष त्वं भूतस्योत्पन्नस्य भव्ये भव्यस्योत्पत्स्यमानस्य । विभक्तिव्यत्ययः । भुवनस्य लोकस्य गोप्ता रक्षकोऽसि । हे मृत्यो एष त्वं पुण्यकृतां लोकान्त्संशिशाधि । शासु अनुशिष्टौ । छान्दसः श्लुः । समुपदिश । येन पुण्यकृतां लोकान्याम तं मार्गमुपदिश । हे मृत्यो एष त्वं हिरण्मयः सुवर्णमयोऽसि । हिरण्मयं सुवः द्यावापृथिव्योः संश्रुतं सुपक्वं परिपाकभूतं वर्त्तते पृथिव्यां दिवि च ब्रह्मलोके स्थित्वासाध्यत्वात् । स्वःशब्देन "यदेतत्परो दिवो ज्योतिर्दीप्यते विश्वतः पृष्ठेषु सर्वतः पृष्ठेषु" (छा. ३. १३. ७.) इत्युक्तं स्थानं गृह्यते । मृत्यो त्वं तत्संशिशाधि तदपि येन प्राप्यते तमुपायमुपदिशेत्यर्थः ॥ ९ ॥ **आर्द्रं ज्वलति** इत्यवकीर्णिनो होममन्त्रः । आर्द्रं स्निग्धं सर्वजनकत्वाज्ज्योतिर्ब्रह्माख्यं ज्वलति नित्यं प्रकाशते तदहमस्मि । अहमेव नान्यदस्ति किञ्चन । अहमेव मामेव जुहोमि मया मयि चेत्यपि द्रष्टव्यम् । तदुक्तम् । " ब्रह्मार्पणं ब्रह्महविर्ब्रह्माग्नौ ब्रह्मणा हुतम् ।

ब्रह्मैव तेन गन्तव्यं ब्रह्मकर्मसमाधिनेति" (गीता. ४. २४.) ॥ १० ॥ अघमर्षणफलमाह **अकार्यकारीति** । अवकीर्णी ब्रह्मचारी स्त्रीगमनस्य कर्त्ता । वरुणोऽपामघमर्षणो यत्पृथिव्यामित्यनेनाघमर्षणकर्त्ता लक्ष्यते सोऽकार्यकरणादिपापात्प्रमुच्यते ॥११॥ अघमर्षणानन्तरं स्तुतिमन्त्रो **रजो भूमिरिति** । रजो मलं भूमिर्भूमेरंशः । हे वरुण त्वमाँरोदयस्व । "आङोऽनुनासिकश्छन्दसि" (पा. ६. १. १२६.) इत्यनुनासिकः । म्लानं कृथा रजो नाशयेत्यर्थः । धीरा धीमन्तः प्रवदन्ति प्रकृष्टं वरुणं वदन्ति ॥ १२ ॥ ५ ॥

अक्रान्त्समुद्र इति । अत्र निरुक्तम् (१४. १६.) । "अत्यक्रमीत्समुद्र आदित्यः परमे व्यवने वर्षकर्मणा जनयन्प्रजा भुवनस्य राजा सर्वस्य राजा । वृषा पवित्रे अधि सानो अव्ये महत्सोमो वावृधे सुवान इन्दुरित्यधिदैवतम् । अथाध्यात्मम् । अत्यक्रमीत्समुद्र आत्मा परमे व्यवने ज्ञानकर्मणा जनयन्प्रजा भुवनस्य राजा सर्वस्य राजा । वृषा पवित्रे अधि सानो अव्ये महत्सोमो वावृधे सुवान इन्दुरित्यात्मगतिमाचष्ट" इति ॥ अक्षरान्वयोऽग्रे द्रष्टव्यः ॥ **जातवेदस** इति । अत्र निरुक्तम् । (१४. ३३.) "जातवेदस इति जातमिदं सर्वं सचराचरं स्थित्युत्पत्तिप्रलयन्यायेन जातवेदस्या (?) इदं जातवेदसेऽर्चाय सुनवाम सोममिति प्रसवायाभिषवाय सोमं राजानममृतमरातीयतो यज्ञार्थमनिस्मो (?) निदहाति निश्चयेन दहति भस्मीकरोति सोमो ददित्यर्थः (?) । स नः पर्षदति दुर्गाणि विश्वा दुर्गमानि स्थानानि नावेव सिन्धुं नावा सिन्धुं यथा यः कश्चित्कर्णधारो नावा सिन्धुं स्यन्दमानानां (?) नदीं जलदुर्गां महाकूलां तारयति दुरितात्यग्निरिति तानि तारयति तस्यैपापरा भवति" ॥ अक्षरयोजना तु । **समुद्र** आदित्यो वि अव्ये व्यव्ये व्यवने विशेषेण अवने रक्षणे निमित्तभूते सति वृषा वर्षेण धर्मन् धर्मेण प्रजा जनयन् सन् अक्रान् अत्यक्रमीत्सर्वमात्मनोऽध-

दीपिकायां ६ खण्डः । ९

श्चकारेत्यर्थः । कीदृशे व्यव्ये । प्रथमे परमेऽन्यैरसाध्ये । कीदृशः समुद्रः । भुवनस्य सर्वस्य राजा स्वामी । पवित्रे सानो सानौ अधि शिखराधीशः सन् बृहत्सोमो महाप्रसविता इन्दुः सुवानः सूतेऽसौ सुवानः सर्वोत्पत्तिकर्त्ता सन् वावृधे कलाभिरधिको बभूव । सूर्य एव स्वकिरणैर्वृष्टिं कृत्वा सोमरूपेण चाप्याय्य सर्वं रक्षतीत्यर्थः ॥ आत्मपक्षे सूर्यस्थानीय आत्मा कर्मफलदानमेव वर्षणं मन एव चन्द्रः स च बाह्यचन्द्र इव सूर्यतेजसा स्वतेजसा सिद्धस्तेन वासनाकिरणैर्जगदासिच्य प्रवर्तयतीत्यर्थः ॥ **जातवेदस** इत्यस्य योजना । जातमिदं सर्वं स्थित्युत्पत्तिप्रलयैर्वेद जानाति जातवेदा भगवानग्निस्तस्मै जातवेदसेऽग्नये सोमं सोमवल्लीं वयं सुनवाम । प्रार्थनायां लोट् । अग्नौ होमार्थं सोमाभिषवं प्रार्थयामह इत्यर्थः ॥ आत्मपक्षे तत्समर्पणाय सत्कर्मप्रार्थना ॥ विपक्षे बाधकमाह अरातीयत इति । रातिर्दानं रातिमर्हति रातेः सम्बन्धी वा रातीयः । न रातीयोऽरातीयोऽदाता । तस्मादरातीयतोऽदातुः सकाशाद्वेदो ज्ञानं धनं वा । विद ज्ञाने विद्लृ लाभे वा असुन् । निदहाति । लेट् तिबाट् । निश्चयेन दहति दहेत भस्मीकुर्यात् । "लिङर्थे लेट्" (पा. ३. ४. ७.) । सोऽग्निरात्मा वा नोऽस्मान् विश्वा विश्वानि सर्वाणि दुर्गाणि दुर्गमानि स्थानान्यतिपर्षदिति क्रियापदम् । अतिरुपसर्गः । अतिपारयतीत्यर्थः । एवं दुरितातीत्यत्र पर्षदिति योज्यम् । अत एवोत्तरत्र मन्त्रेऽतिपर्षीति प्रयोगः । अक्षरपूर्त्तिस्त्वत्यग्निः अतियग्निरिति तेन त्रैष्टुभत्वसिद्धिः । यथा कश्चिन्नावा सिन्धुमतिपारयति न केवलं दुर्गाणि तारयति किन्तु दुरितान्यतिपारयति दुरितान्यपि तारयतीत्यर्थः । पर्षदिति पॄ पालनपूरणयोः । लेट् तिबितो लोपोऽट् । "सिब्बहुलं लेटीति" सिप् (पा. ३. १. ३४.) । अस्याः पुरश्चरणविधानं तु शारदातिलकादिभ्यो द्रष्टव्यम् ॥ १ ॥ २ ॥ दुर्गाया अग्निशक्तेर्मन्त्रमाह **तामग्निवर्णामिति** । वैरोचनीं सूर्यसम्बन्धिनीम् । सुतरसिद्धतरसे नम इति सुष्ठुतरमतिशयितं सिद्धं तरो वेगो यस्याः

सा तस्यै ॥ ३ ॥ **अग्ने** इति । हे अग्ने त्वं स्वस्तिभिरस्मान् विश्वानि दुर्गाणि स्थानान्यतिपारय प्राप्तपाराणि कुरु । नव्यो नूतनः । नः पूः पुरी पृथ्वी विपुलास्तु । उर्वी भूमिर्नो बहुलास्तु मम शंयोः सुखिनः । "कंशंभ्यामिति" युस् (पा. ५. २. १३८.) । तोकाय बालाय तनयाय भवास्मभ्यं नूतनं पुत्रं देहीत्यर्थः ॥ ४ ॥ **विश्वानीति** । हे जातवेदो नोऽस्माकं विश्वानि सर्वाणि दुरिता दुरितान्यतिपर्षि अतिपारयसि । कीदृशस्त्वम् । दुर्गहा दुर्गाण्यगम्यानि हन्ति गम्यानि करोत्यगम्यगतिदायकः । सिन्धुर्न सिन्धुरिव नावा पार्यते । अग्न इति । हे अग्नेऽत्रिवदत्रिश्चन्द्रस्य पिता तद्वद्दयालुत्वान्नमसा नमस्कारमात्रेण गृणानः । गृ शब्दे । उपदिशन्नस्माकं बोधी बोधकोऽसि तथा तनूनां देहानामविता रक्षितासि ॥ ५ ॥ **पृतनाजितं** सेनाजयिनं सहमानं क्षमावन्तमुग्रं दुःसहमग्निं हुवेम होमेन प्रीणयामः परमादुत्कृष्टात्सधस्थात्सधे द्यावापृथिव्यौ तयोः स्थात् स्थानात् । " सुपि स्थ " इति योगविभागात्कः (पा. ३. २. ४.) । हेतौ पञ्चमी । फलमपि हेतुर्व्यपदिश्यते द्यावापृथिव्योः परमस्थानप्राप्त्यर्थमग्निं हुवेमेत्यर्थः । सोऽग्निर्नोऽस्मान्विश्वानि दुर्गाण्यतिपर्षदतिपारयति । क्षामन् क्षाम्यन्सहमानो देवोऽग्निरतिदुरिता महादुरितान्यतिपर्षत्पारयति ॥ ६ ॥ **प्रत्न** इति । प्रत्नः प्रगतो याज्ञिकैर्हि कं निश्चितमध्वरेषु यागेष्वीड्यः स्तुत्यः सनान्नित्यश्च होता पुरातनोऽपि नव्यो नूतनश्च सत्सि सीदसि । हे अग्ने स्वामात्मीयां च तन्वं तनूं पिप्रयस्व प्रीतां कुर्वस्मभ्यं च सौभगं सुभगतामायजस्व देहि । इयमग्निस्तुतिः ॥ ७ ॥ **परस्तादिति** । मम यशः परस्तात्परपारे गुहासु गुप्तदेशेषु निहितं गोपितं तत्प्राप्तये सुपर्णपक्षाय गरुडाय धीमहि ध्यायेम । शतबाहुना परमेश्वरेण सुवो राजा स्वर्गस्य राजा इन्द्रोऽजायत । सधस्था द्यावापृथिवीस्थानान्यन्तरिक्षमन्तर्भाव्य त्रीण्यजायन्त ॥ ८ ॥

ओं भूरग्नय इत्यादयो होमविशेषमन्त्राः स्पष्टार्थाः सत्त्वशुद्ध्यै चैषां जपो ज्ञेयः ॥ १ ॥ **यश्छन्दसामृषभो** वाच्यत्वाद्विश्वरूपः

सर्वात्मा छन्दोभ्यः सकाशादन्यानि छन्दांस्याविष्टवांश्छन्दोभिर्गुप्तोऽन्तरात्मा विचरतीत्यर्थः । सतां सत्पुरुषाणां शक्यो ज्ञेयः प्रोवाचोपनिषदुपनिषदमिन्द्रः परमेश्वरो ज्येष्ठः सर्वादित्वात् । अथवा शक्यो वेदवाच्यः स इन्द्रस्तामुपनिषदं प्रोवाचेत्यर्थः ॥ ५ ॥ मेधाविवृद्धये मन्त्रो **नमो ब्रह्मण** इति । धारणं श्रुतस्यार्थस्य चिन्तनम् । अनिराकरणं विस्मरणरहितम् । ममामुष्य च शिष्यस्य च कर्णयोः श्रुतं श्रवणशक्तिर्भूयात् । हे धारणादयो यूयं मा च्योढ्वं च्युता मा भूत मम शिष्यस्य च ॥ ६ ॥ ७ ॥

ऋतं तप इति । ऋतं सूनृता वाणी तपः । शान्तं शान्तिरिन्द्रियनिग्रहः । एतानि सर्वाणि सत्त्वशुद्धिद्वारा ज्ञानसाधनानीत्यर्थः । ब्रह्म वेदो भूरादिलोकत्रयं च ब्रह्म परं ब्रह्मैतदुपास्य वर्त्ततैतत्परं तप इत्यर्थः ॥ १ ॥ **यथा वृक्षस्येति** पुण्यकर्मस्तुतिः । अपुण्यस्य निन्दा यथासिधाराभिति । असेः खड्गस्य धारां कर्त्तेऽवहिताम् । कृत्यते कर्त्तो गर्त्तः । कृती छेदने घञ् । छेदनफलगर्त्तमध्येऽवहितामारोपितामवक्रामेदवक्रम्य गच्छेदुल्लंघयेत् । यदि उ वा यद्येव इह वा वामभाग इह वा दक्षिणभागे विह्वलिष्यामि प्रमादी भविष्यामि कर्त्ते तर्हि पतिष्यामीति सावधानो गच्छेदेवमनृतान्मिथ्याभिधानादात्मानं जुगुप्सेद्रक्षेत् ॥ २ ॥ नन्वात्मज्ञानायैतावत्किमित्यवधानं क्रियत इत्याशंक्य सूक्ष्मत्वेन दुरधिगमत्वादित्याह **अणोरिति** । तर्ह्यत्यन्तमणोर्लाभे कः पुरुषार्थ इत्यत आह महत इति । अणुत्वं दुरधिगमत्वादुच्यत इति भावः । गुहायां दहरे पुण्डरीके । अक्रतुमसंकल्पं वीतशोकताफलम् । धातुर्गुरोर्ब्रह्मण आत्मन एव वा । धातुप्रसादादिति पाठे दधत्यर्थमिति धातव इन्द्रियाणि तेषां प्रसादाच्छुद्धेरित्यर्थः । महिमानं महान्तं प्रत्ययार्थो न विवक्षितः ॥ ३ ॥ **सप्तेति** । सप्त प्राणाः शीर्षण्या अग्नेः सप्तार्चिषः समिधो जिह्वाश्च । सप्तार्चिषः सप्त हविष्कृता दीप्तयः । समिधो यथा

"पाकसंस्था हविःसंस्थाः सोमसंस्थास्तथापराः । एकविंशतिरित्येता यज्ञसंस्थाः प्रकीर्त्तिता" इति समिधः सप्त सप्त (शांखायनगृह्यसूत्राणि १. १.)। "काली कराली च मनोजवा चे" त्याद्या मुण्डोक्ताः (१. २. ४.) सप्त जिह्वाः । सप्त लोका भूरादयः । येषु लोकेषु गुहाशया लिंगशरीरस्था निहिता गुप्ताः सप्त सप्त प्रतिशरीरम् ॥ ४ ॥ सर्वमात्मन एव जातमिति पूर्वोक्तं मन्त्रान्तरेण प्रकाशयति अत इति । येन रसेन भूतैश्च कृत्वान्तरात्मा लिंगशरीरावच्छिन्नस्तिष्ठते कृतावस्थानो भवति । "अन्नमयं हि सोम्य मन" इति श्रुतेः (छा. ६. ५. ४.) ॥ ५ ॥ ८ ॥

तस्य विभूतिमाह ब्रह्मेति । देवानामिन्द्रादीनां मध्ये ब्रह्मा पारमेश्वरं रूपम् । पदवीः पदवीं दैत्याचार्याधिकारमिच्छति पदवीयतीति पदवीः किवन्तः शुक्रऋषिर्भृगुपुत्रः कवीनाम् । "कवीनामुशनाः कविरिति" स्मृतेः (गीता. १०. ३७.)। नित्यगामित्वात्सूर्यो वा पदवीः कवीनां ज्ञानिनाम् । यद्वा पदानि व्ययति संवृणोति सम्यक्पदप्रयोगकर्त्ता कवीनां श्रेष्ठः।महिषः । मह पूजायां । पूज्यतमः सिंहो "मृगाणां च मृगाधिप" इति स्मृतेः । स्वधितिः परशुर्वनानां छेदहेतुत्वाच्छ्रेष्ठः । सोमो वल्ली पवित्रमत्येत्यतिक्रम्य गच्छति । पवित्रेषु सोमो वैष्णवं रूपमित्यर्थः । रेभन् । रेभृ शब्दे । अहमुच्चैरिति निःशंकं भाषमाणः ॥ यास्केन (१४. १३.) तु रश्मिनिषेवितादित्यपरतयेन्द्रियाधिपात्मपरतया चायं मन्त्रो व्याख्यातः । तद्यथा । "ब्रह्मा देवानामित्येष हि ब्रह्मा भवति देवानां देवनकर्मणामादित्यरश्मीनाम् । पदवीः कवीनामित्येष हि पदं वेत्ति कवीनां च कवीयमानानामादित्यरश्मीनाम् । ऋषिर्विप्राणामित्येष हि ऋषिणो भवति विप्राणां व्यापनकर्मणामादित्यरश्मीनाम्। महिषो मृगाणामित्येष हि महान्भवति मृगाणां मार्गणकर्मणामादित्यरश्मीनाम् । श्येनो गृध्राणामिति श्येन आदित्यो भवति श्यायतेर्गतिकर्मणो गृध्र आदित्यो भवति गृध्यतेः स्थानकर्मणो यत एतस्मिंस्तिष्ठति ।

स्वधितिर्वनानामित्येष हि स्वयं कर्माण्यादित्यो धत्ते वनानां वननकर्मणामादित्यरश्मीनाम् । सोमः पवित्रमत्येति रेभन्नित्येष हि पवित्रं रश्मीनामत्येति स्तूयमान एष एवैतत्सर्वमक्षरमित्यधिदैवतम् । अथाध्यात्मम् । ब्रह्मा देवानामित्ययमपि ब्रह्मा भवति देवानां देवनकर्मणामिन्द्रियाणाम् । पदवीः कवीनामित्ययमपि पदं वेत्ति कवीनां कवीयमानानामिन्द्रियाणाम् । ऋषिर्विप्राणामित्ययमप्यृषिणो भवति विप्राणां व्यापनकर्मणामिन्द्रियाणाम् । महिषो मृगाणामित्ययमपि महान्भवति मृगाणां मार्गणकर्मणामिन्द्रियाणाम् । श्येनो गृध्राणामिति श्येन आत्मा भवति श्यायतेर्ज्ञानकर्मणो गृध्राणीन्द्रियाणि गृध्यतेर्ज्ञानकर्मणो यत एतस्मिंस्तिष्ठन्ति । स्वधितिर्वनानामित्ययमपि स्वयं कर्माण्यात्मनि धत्ते वनानां वननकर्मणामिन्द्रियाणाम् । सोमः पवित्रमत्येति रेभन्नित्ययमपि पवित्रमिन्द्रियाण्यत्येति स्तूयमानोऽयमेवैतत्सर्वमनुभवत्यात्मगतिमाचष्ट" इति निरुक्तानुसारेणाधिदैवतमध्यात्मं च व्याख्यायते ॥ आदित्यपक्षे षष्ठ्यन्तै रश्मयो वाच्याः प्रथमान्तैरादित्यः । सर्वत्र रूपकोपमा द्रष्टव्या । यौगिको वार्थो रूढिमपहायानुगन्तव्यः ॥ अध्यात्मपक्षे प्रथमान्तैरात्माभिधीयते षष्ठ्यन्तैरिन्द्रियाणि । ब्रह्मा बृहन्यथा देवादिषु ब्रह्मादयो राजन्त एवमात्मेन्द्रियेषु राजते । सोमः प्रसविता पवित्रं शुद्धोऽत्येत्यतिशयेन जानाति । गत्यर्थास्ते ज्ञानार्थाः । आदित्य आत्मा च नारायण एवेति नारायणप्रकाशकः ॥ १ ॥ अविकारस्य कथं नानात्वमित्याशंक्य मायिकमिति वक्तुं मायास्वरूपमाह **अजामिति** । अजामनादिमेकां विचित्रशक्तित्वेन नानाकार्यसम्भवाल्लाघवादेकाम् । गुणभेदमाह लोहितेति । चैतन्येक्षणे कार्यमाह वह्वीमिति । अजो ह्येकः संसार्यनुसृत्य शेते न जागर्ति ज्ञानाभावात् । अजोऽन्यो ज्ञानी ॥ २ ॥ हंस इत्यादि काठके व्याख्यातम् ॥ ३ ॥ **यस्मान्नेति** । यस्मात्परो न जातः । तस्याविकारित्वाद्यत्तु जातत्वेनोपलभ्यते तत्ततो न भिद्यते किन्तु तस्यैव विवर्त्तः । ननु तर्हि स्वतन्त्र एव नित्योऽन्यो

भवत्वत आह अन्यो अस्तीति नेत्येवान्योऽपि स्वतन्त्रो नास्त्येकत्वे श्रुतितात्पर्यात् । ननु तुह्युपलभ्यमानस्य का गतिरत आह य इति । आवेशः सन्निवेशविशेषः । स एव भुवनाकारो बभूवेत्यर्थः । प्रजया संविदानः प्रजेति संज्ञामापन्नः । त्रीणि ज्योतींषि ज्ञानाग्निर्दर्शनाग्निः कोष्ठाग्निरिति । तानि सचते तैः सम्बद्धो भवति । स च षोडशी षोडशकलावांस्ताश्च षष्ठप्रश्न उक्ताः । चतुर्थसोमसंस्थारूपो वा ॥ ४ ॥ **विधर्त्तारमिति** त्रिपदा गायत्री ।विधर्त्तारं सर्वधारिणं सूर्यं हवामह आवाहयामो यो नोऽस्मभ्यं वसोर्द्रव्यस्य वनाति वनति । वन सम्भक्तौ । विभागं ददाति । अत एव विभक्तारमिति शाखान्तरे पाठः । कुविदव्ययं शनकैरर्थे । अयाचित एव नो द्रव्यभागं ददातीत्यर्थः । सवितारं प्रसवितारं नृचक्षसं नृंश्चष्टे नृचक्षास्तं प्राणिनां ज्ञानप्रदम् ॥ ५ ॥ गायत्र्यन्तरमाह **अद्येति** । अद्यशब्दोऽस्मिन्नहनीत्यर्थे सद्यआदिसूत्रेण (पा. ५. ३. २२.) निपातितः । "निपातस्य च" (पा. ६. ३. १३६.) इत्यद्यशब्दस्य दीर्घः । अद्या नोऽस्माकं देव सवितः सवनकर्त्तः सौभगं सौभाग्यं प्रजावत् प्रजामर्हतीति प्रजावत् । "तदर्हतीति" वतिः (पा. ५. १. ६३.)। यथा प्रजासु योग्यं भवति तथा सावीः । छान्दसोऽडभावः । असावीः प्रसूतवानसि । दुःष्वप्नमर्हति दुःष्वप्नियमियादिपूरणः । परासुव निराकुरु ॥ ६ ॥ गायत्र्यन्तरं **विश्वानीति** । हे देव सवितर्विश्वानि सर्वाणि दुरितानि परासुव निराकुरु । यच्च भद्रं कल्याणं तन्नोऽस्मभ्यमासुव प्रसुव ॥ ७ ॥ **मध्विति**त्यादि तिस्रस्त्रिपदा गायत्र्यः । वाता ऋतायते । ऋतं सत्यं यते एति यन् तस्मै यते सत्यमाप्नुवते सत्यवादिने । छान्दसो दीर्घः । वाता वायवोऽपि मध्वमृतं क्षरन्ति । "लिङर्थे लेट्" (पा. ३. ४. ७.) । लिङर्थोऽत्र प्रार्थना मधु क्षरन्ति क्षरन्तु । सिन्धवो नद्यो मध्वमृतं क्षरन्तु । ओषधीरोषधयो नो माध्वीर्माध्व्यः सन्तु मधुसम्बन्धिन्यो माध्व्यः । "तस्येदं" (पा. ४. ३. १२०.) इत्यण् । "ऋत्व्यवास्त्व्यवास्त्वमाध्वीहिरण्ययानि छन्दसि" (पा. ६. ४. १७५.) इति नि-

दीपिकायां १० खण्डः। १९

पातनाद्गुणाभावः ॥ ८ ॥ **नक्तं** रात्रय उताप्युषसः प्रत्यूषाः। किम्बहुना भौमं रजोऽपि मधुमदस्तु। द्यौरपि मध्वस्तु नः पिता। ब्रह्मसदनत्वाद्ब्रह्मणश्च सर्वजनकत्वात्तल्लोकोऽपि पितोपचारात्। मधुशब्दः केवलोऽपि मधुमत्पर एव पूर्वापरसाहचर्यात्। मधुब्राह्मणेन मधुमन्त्रार्थः प्रकाशितो वेदितव्यः ॥ ९ ॥ **घृतमिति**। मिमिक्षे सिषिचे। मिक्ष सेचने। अस्य सर्वस्य योनिर्जनकम्। "अग्नौ प्रास्ताहुतिः सम्यगादित्यमुपतिष्ठते। आदित्याज्जायते वृष्टिर्वृष्टेरन्नं ततः प्रजा" इति स्मृतेः (मनुः ३. ७६.)। घृते श्रित आश्रितः। आश्रितो लोको घृतस्य तेजस्त्वात्तेजस्विनं हि श्रयन्ते। घृतं उ अस्य धाम। अस्य लोकस्य घृतं धाम धातृ। वृषभ हे धर्मानुष्वधं स्वधां स्वधामनु आवह घृतमादातुं सन्निहितो भव। मादयस्व हर्षं प्राप्नुहि यतः स्वाहाकृतं स्वाहाशब्देन हुतं घृतं हव्यं वक्षि वहसि ॥ ११ ॥ **समुद्रादिति**। समुद्रात् क्षीरोदान्मधुमानूर्मिस्तरंग उदारदुद्गतवान्। ऋ गतौ लुङ् सर्तिशास्तीत्यङ् (पा. ६. १. ५६.)। उपांशुना स्तिमितशब्देनामृतत्वं समानट् समाप। यदस्ति तद्धूमः। घृतं देवानां जिह्वा तेन विना न तृप्यन्तीत्यर्थः। तथामृतस्य नाभिर्मुख्यममृतम् ॥ १२ ॥ **वयं नामेति**। वयं घृतस्य नाम प्रब्रवामा अस्मिन्यज्ञे घृतस्य नाम नमोभिर्नमस्कारैर्धारयामा दध्मः। प्रब्रवामा धारयामा इति संहितायां दीर्घः। ब्रह्मा ऋत्विक् शस्यमानमृग्भिर्निरूप्यमाणं प्रकृतं घृतवर्णनमुपश्रृणवदुपश्रृणुयात्। लेट् तिवितो लोपोऽट्। चतुःश्रृंगो वेदचतुष्टयलक्षणश्रृंगयुक्तो गौरो निर्मलः परमेश्वरो यज्ञोऽवमीदुद्गीर्णवान् ॥ १३ ॥ ९ ॥

तद्वर्णनं **चत्वारि श्रृंगेति**। अस्य निरुक्तम् (१३. ७.)। "चत्वारि श्रृंगेति वेदा वा एत उक्तास्त्रयो अस्य पादा इति सवनानि त्रीणि द्वे शीर्षे प्रायणीयोदयनीये सप्त हस्तासः सप्त छन्दांसि त्रिधाबद्धस्त्रेधाबद्धो मन्त्रब्राह्मणकल्पैर्वृषभो रोरवीति। रोरवणमस्य सवनक्रमेण-

र्गिभर्यजुर्भिः सामभिर्यदेनमृग्भिः शंसन्ति यजुर्भिर्यजन्ति सामभिः स्तुवन्ति । महो देव इत्येष हि महान्देवो यद्यज्ञो मर्त्यानाविवेशेत्येष हि मनुष्यानाविशति यजमानाय तस्योत्तरा भूयसे निर्वचनाये" ति । "यज्ञो वै विष्णुरिति" श्रुतेर्नारायणपरता (शतप. १. १. २. १३.) ॥ आत्मपक्षे तु चत्वारि श्रृंगाणि विश्वतैजसप्राज्ञतुरीयाणि । त्रयः पादाः संसृतिरूपगमनहेतवो जाग्रत्स्वप्नसुषुप्तानि । द्वे शीर्षे परापरब्रह्मणी स्वर्गापवर्गौ वा । सप्त हस्तास आदानोपायाः पञ्चेन्द्रियाणि बुद्धिमनसी च तदुक्तं सप्तांग इत्यस्यात्मनः । त्रिधाबद्धोऽवस्थात्रये स्थूलप्रविविक्तानन्दाख्यैर्भोगैर्बद्धः संसारं त्यक्तुमक्षमो वृषभोऽविद्याया बीजप्रदोऽनेन सेचनात् । "अहं बीजप्रदः पितेति" स्मृतेः । रोरवीति संसारदुःखेनात्यन्तमाक्रन्दतीश्वररूपेणोच्चैरुपदिशति च । महो देवो महान्देवः स्वप्रकाश आत्मा मर्त्यं मरणधर्माणं देहमाविवेश "लिङर्थे लेट्" (पा. ३. ४. ७.) प्रविशति । "स एष इह प्रविष्ट आनखाग्रेभ्य" इति श्रुतेः (बृह. १. ४. ७.) ॥ १ ॥ **त्रिधेति** । त्रिधाहितं त्रैविद्यकर्मणि निहितं पणिभिर्व्यवहर्तृभिर्गुह्यमानं गोप्यमानं गवि गोविषये सौरभेयीषु देवासो देवा इन्द्रादयो घृतमन्वविन्दंल्लुब्धवन्तः । एकं भागमिन्द्रो जजानैकं सूर्यो जजानैकं वेनाद्वेनो वेनतेः कान्तिकर्मणः कामुकाद्ब्रह्मणश्चन्द्रमसो वैकं भागं स्वधया होमरूपेण कर्मणा हेतुभूतेन निष्टतक्षुर्वर्धितवन्तः ॥ २ ॥ हिरण्यगर्भस्तुतिमाह **य** इति । यो देवानां पुरस्तादाविर्बभूवेति शेषः । विश्वाधिको विश्वोत्कृष्टो रुद्रो रुद्ररूपो महर्षिर्वेदादिप्रवर्त्तकस्तं प्रथमं जायमानं हिरण्यगर्भं पश्यत जनाः । ननु दर्शने किं फलमत आह स इति । स देवो नोऽस्मान् शुभया स्मृत्या संयुनक्ति यतस्ततोऽस्य दर्शनं युक्तम् ॥ ३ ॥ **यस्मादिति** । यस्मात्परमपरं च किञ्चन नास्ति तदात्मकमेव सर्वमस्तीत्यर्थः । स्तब्ध आरोपितो वृक्ष इवैको दिवि तिष्ठति तेन पुरुषेण पूरकेणेदं सर्वं पूर्णं पूरितमतो न परमपरमणु ज्यायो नान्यदस्तीति युक्तम् ॥ ४ ॥ **न कर्म-**

दीपिकायां ११ खण्डः । १७

णोति । कर्मणा यागादिना प्रजया पुत्रादिना धनेन कर्मसाधनेन । केन तर्ह्यमृतत्वमानशुस्त्यागेन । तर्हि सर्वे कस्मादमृता न भवन्तीत्यतउक्तमेक इति । न सर्वे किन्तु केचिदेव त्यागस्य दुःसाध्यत्वात् । "वक्ता शतसहस्रेषु दाता भवति वा न वेति" प्रसिद्धेः । परेण नाकं यद्विभ्राजते। "एनपा द्वितीया" (पा. २.३.३१.)। अत्रैव कस्मान्न विभ्राजतेऽत उक्तं निहितं गुहायामिति । "अज्ञानेनावृतं ज्ञानं तेन मुह्यन्ति जन्तवः" (गीता. ५. १५.) । वैकुण्ठकैलासादिनिष्ठास्तु शुद्धसत्त्वाः पश्यन्तीत्यर्थः । अत्रत्याः के पश्यन्तीत्यपेक्षायामाह । यद्यतयो विशन्तीति ॥ ५॥ किं यतिमात्रं विशति नेत्याह वेदान्तेति । पुनः कीदृशाः । सन्न्यासयोगाच्छुद्धसत्त्वाः । ते ब्रह्मलोकेष्वित्यनेन क्रममुक्तिरुक्ता । अन्तकालो मरणं परान्तकालस्त्वपुनर्भवकालः । अमृता देवाः परामृतास्तु मुक्ताः परि सामस्त्येन मुक्ता भवन्ति मुच्यन्तीति व्यत्ययेन श्यन् ॥ ६ ॥ आत्मनः साक्षात्कारस्थानमाह दह्रमिति । दहरमिति वक्तव्ये छान्दसो विकारः । विपाप्मं निष्पापं वरं श्रेष्टं वेश्मभूतमात्मनि वासस्थानं पुरमध्यसंस्थं देहान्तःस्थं तत्रापि तन्मध्येऽपि दह्रं सूक्ष्मं गगनमाकाशं विशोकः शोकरहितम् । तस्मिन् विषये यदन्तर्वर्ति तदुपासितव्यमुपासनीयम् । तदुक्तं छान्दोग्ये (८. १. १.) । "अथ यदिदमस्मिन् ब्रह्मपुरे दहरं पुण्डरीकं वेश्म दहरोऽस्मिन्नन्तराकाशस्तस्मिन्यदन्तस्तदन्वेष्टव्यं तद्वाव विजिज्ञासितव्यमिति" ॥ ७ ॥ य इति । स्वर ओंकारः । प्रतिष्ठित उपास्यतया निर्णीतः । प्रकृतिलीनस्य स्वरूपेण प्रकृत्यात्मकस्य यः पर उत्कृष्टो वाच्यत्वेन प्रधानभूतः स महेश्वरः परमात्मा ॥ ८ ॥ अस्यैव शेषः । अजोऽनाद्योऽन्यो जडविलक्षणः सुविभाः सुतरां विभाति विश्वचक्रस्य नाभिराधारभूतः सर्वमस्यैव नातोऽन्योऽस्ति स्वामी ॥ १० ॥

एवमादिमन्त्रकलापप्रकाश्यं नारायणं स्मृत्वा पुनः श्लोकैः स्तौति

सहस्रशीर्षमिति । सहस्रशिरसमिति तु युक्तं वक्तुम् ॥ १ ॥ **विश्वमेवेदं पुरुष** इति । इदं विश्वं पुरुष एवेत्यन्वयः । तद्विश्वमिति तन्नारायणाख्यं वस्तु विश्वं लोक उपजीवति तदाधारं प्राणिति ॥ २ ॥ **पतिं विश्वस्य** सर्वस्यात्मेश्वरमात्मा जीवस्तस्येश्वरं नियन्तारं महाज्ञेयं यस्मिन् विज्ञाते सर्वमिदं विज्ञातं भवति ॥ ३ ॥ **परो ज्योति**र्बुद्ध्यादीनां प्रकाशकः । पर आत्मा परमात्मा ॥ ४ ॥ **परो ध्याता** नित्यस्वस्थाशयः । ध्यानं ध्यातव्यम् । परादपि परश्चासु तस्माद्यस्तु परात्पर इति । असुभ्यः प्राणेभ्य आ इत्यासु यः परादपि नामादेः परः । छान्दोग्ये स्कन्दनारदसंवादे निरूपितोऽर्थस्तस्मात्पराद्यः परो भूमा स नारायण इत्यर्थः ॥ ५ ॥ **समुद्रेतं** समुद्रमितं प्राप्तमम्भस्यपारे समनुप्रविष्ट इत्युक्तेः । विश्वशम्भुवं विश्वेषां शं सुखं तस्य भुवमुत्पत्तिस्थानम् । तस्य ध्यानस्थानमाह पद्मेति । अधोमुखमूर्ध्वनालञ्च ॥ ७ ॥ तस्य स्थानमाह **अधोनिष्ट्या वितस्त्यां त्विति** । अधोनिष्ट्या अधोनिष्ट्या वितस्त्यां वितास्तिप्रदेशव्याप्त्यां नाभ्यामुपरि नाभेरूर्ध्वभागे तिष्ठति वर्त्तते । तद्धृदयं विजानीयाद्विश्वस्य वागादिसंघातस्य महदायतनं स्थानम् ॥ ८ ॥ **सततं** निरन्तरं शिराभिर्लम्बति आ । आलम्बत्यालम्बते शिराधारेऽवलम्बत इत्यर्थः । अथवा सतं शतच्छिद्रं वंशचर्मादिनिर्मितं पात्रं यवनेषु प्रसिद्धं तस्य सतस्य तन्तव इवातानवितानात्मिकाः शिरास्ताभिरुपलक्षितमित्यर्थः । कोशसन्निभं कदलीपुष्पसन्निभम् ॥ ९ ॥ **महानग्निः** । आत्मैव । विश्वार्चिर्यस्य विश्वतोऽर्चीषि वर्त्तन्ते यद्वेदा अग्निहोत्रे पञ्चाग्नय उक्ताः । मूर्ध्नि मुखे हृदये नाभावाधारे चावस्थिताः । तदुक्तं गीतासु (१५. १४.) । "अहं वैश्वानरो भूत्वा प्राणिनां देहमाश्रितः । प्राणापानसमायुक्तः पचाम्यन्नं चतुर्विधमिति" । अत एव विश्वतोमुखः सर्वतः सन्मुखः । सोऽग्रभुगिति । "तयोरेकः पिप्पलं स्वाद्वत्तीति" श्रुतेः (मुण्ड. ३.

१. १.) । आहारं विभजन् सर्वावयवेषु सञ्चारयन् । तथा तिष्ठन्नित्यं जाग्रदापादतलमस्तकं स्वं देहं सन्तापयतीत्यन्वयः । सर्वशरीर औष्ण्योपलम्भस्तु कृत एव । अक्षयो नित्यः कविश्चेतन इत्यादिः । लिंगादयमात्मैव न भौतिकोऽग्निः ॥ १० ॥ **तस्य** हृदयस्य । वह्निशिखा भौतिकाग्नेः शिखा । अणीयोर्ध्वोर्ध्वभागेऽणीयसी ॥ ११ ॥ नीलमेघान्तःस्थविद्युदिव **भासुरा** । अत एव लिंगाद्धृदयाम्बुजं श्याममिति गम्यते । शूकं कणाग्रसूचिका । पीताभा पीतवर्णा । तनूपमा सूक्ष्मेणोपमीयते कुण्डलिनीति यां नैगमा आहुः ॥ १२ ॥ **तस्या** इति । इदमेव देवताध्यानस्थानम् । सेन्द्रः स इन्द्रश्छान्दसः सन्धिः ॥ १३ ॥ **अथातो योग** ऐक्यं व्याख्यायते । छान्दसः सोर्लुक् । जिह्वा मे मधुवादिनी मधुरवादिन्यस्तु माधुर्येण जिह्वाया योगोऽस्तु । अहमेव कालोऽत्ता नाहं कालस्य भोग्यः । अयमात्मकालयोगः ॥ १४ ॥ **नारायणो**ऽहमेव स्थितो व्यवस्थितो निर्णीतश्चत्वारि च विश्वतैजसप्राज्ञतुरीयाण्यहमेव । अनेन जीवपरमात्मनोर्योग उक्तः ॥ ११ ॥

विरूपाक्षं नमामीति शेषः ॥ १ ॥ **आदित्य** इति । यदेतत्प्रत्यक्षं मण्डलं तपति तप्यमानं दृश्यत एष आदित्यः । तस्य क्रमेणर्ग्यजुःसामरूपतामाह तत्र ता इति । यदेतन्मण्डलं तपति ता ऋचो मण्डलमेवर्चः । स एवर्चां लोकः । मण्डलाधिष्ठाता पुरुषो यजुषां रूपं मण्डलार्चिः साम्नां रूपं सोऽर्चिःपदार्थः साम्नां मण्डलम् । सैषेति । अन्तरादित्ये यो हिरण्मयः पुरुषः सा त्रयी विद्यैव ॥ २ ॥ **तेजः** शुक्रम् । ओजो नाम वीर्यपरिणामोऽष्टमो धातुः । तत्परिणामो बलम् । आत्मा बुद्धिः । मनुर्ज्ञानम् । मृत्युर्यमः । किं तत्सत्यमिति प्रश्ने विश्वान्तेनोत्तरम् । कतमः स्वयम्भूरिति प्रश्ने प्रजापतिः संवत्सर इत्येतदन्तेनोत्तरम् । संवत्सरस्य किं पारमार्थिकं रूपमत आह संवत्सरोऽसावादित्य इति । य आदित्य एष पुरुष एतत्पुरुषात्मा । “ सूर्य आत्मा

जगतस्तस्थुषश्चेति ” श्रुतेः (ऋ. १. ११५. १.) । य एष आदित्योऽसौ भूतानामधिपतिः । आदित्यो वा एष इत्याद्युपासनावत आदित्यो वै तेज इत्याद्युपासनावतश्च फलमाह ब्रह्मणः सायुज्यमित्यादि । सार्ष्टितां समानर्द्धिताम् । इत्युपनिषद्रहस्यज्ञानम् ॥ ३ ॥ १२ ॥

घृणिः सूर्य आदित्य इति सावित्री । घृ क्षरणे । क्षरत्युदकमिति घृणिः । सुवति सरति वा सूर्यः । अत्तीत्यदितिरदितेरपत्यमादित्यः ॥ मन्त्रान्तरम् । **अर्चयन्ति** देवाः कर्त्तारस्तपः सत्यात्मकमादित्यस्वरूपं पूजयन्ति । अर्चितं सन्मध्वमृतं क्षरन्ति क्षरतीत्यर्थः । तदेव ब्रह्मरूपं तदाप आप्यं तदेवाप उदकं तदेव ज्योतिस्तेजो रसोऽमृतं ब्रह्मस्वरूपं तदेव लोकत्रयं तदेवोंकारात्मकं च तदेवेत्यर्थः ॥ १ ॥ शिवस्वरूपं नारायणं मन्त्रैः स्तौति **सर्व** इति । तन्महस्तेजोरूपं तस्मै नमोनमः । भव्यं भविष्यत् । भुवनं विद्यमानम् ॥ २ ॥ **कद्रुद्राय** कुत्सितानां रोदकाय । प्रचेतसे महाचित्ताय वरुणरूपायेति वा । मीळ्हुष्टमाय मीढुष्टमाय । मिह सेचने । “दाश्वान् साह्वान् मीढ्वांश्च ” (पा. ६. १. १२.) इति साधुः । छान्दसो वर्णविकारः । सेचकतमाय । तव्यसे पूरकाय । तु वृत्तिहिंसापूर्त्तिषु । वोचेमावादिष्म । शन्तमं सुखतमम् । हृदे ज्ञानायेति त्रिपदा ॥ ३ ॥ **अम्बिकापतय** इत्युक्ते मातृपतय इति प्रतीतेरश्लीलता नाशंक्याम्बिकाशब्दस्य पार्वत्यां रूढत्वात् । अम्बिकोमयोः पर्यायत्वेऽपि प्रकृतिप्रत्ययार्थभेदादपौनरुक्त्यम् ॥ ४ ॥ **यस्येति** । विकंकतस्य वृक्षविशेषस्य विकारो वैकंकत्यग्निहोत्रहवणी स्रुग्यस्य भवति प्रतिष्ठिता आहुता अस्याहुतयः प्रतितिष्ठन्त्येव । अथो पश्चात्प्रतिष्ठित्यै यजमानप्रतिष्ठायै भवन्ति । तेन वैकंकती प्रशस्तेति तस्या विधिरुन्नीयते ॥५॥ पृथिवीं स्तौति **कृणुष्वेति** । कृणुष्व पाज इति पञ्चदशर्चे सूक्ते शांखायनशाखापठित आद्याः पञ्च मन्त्रा ग्रन्थे ज्ञेया इत्यर्थः । ते यथा । “ कृणुष्व पाजः प्रसितिं न पृथ्वीं याहि

राजेवामवाँ इभेन। तृष्वीमनु प्रसितिं द्रूणानोऽस्तासि विध्य रक्षसस्त-
पिष्ठैः ॥ १ ॥ तव भ्रमास आशुया पतन्त्यनु स्पृश धृषता शोशुचानः।
तपूंष्यग्ने जुह्वा पतंगानसन्दितो विसृज विष्वगुल्काः ॥ २ ॥ प्रति
स्पशो वि सृज तूर्णितमो भवा पायुर्विशो अस्या अदब्धः। यो नो दूरे
अघशंसो यो अन्त्यग्ने माकिष्टे व्यथिरा दधर्षीत् ॥ ३ ॥ उदग्ने तिष्ठ
प्रत्यातनुष्व न्यमित्राँ ओषतात्तिग्महेते। यो नो अरातिं समिधान चक्रे
नीचा तं धक्ष्यतसं न शुष्कम् ॥ ४ ॥ ऊर्ध्वो भव प्रति विध्याध्यस्मदा-
विष्कृणुष्व दैव्यान्यग्ने। अव स्थिरा तनुहि यातुजूनां जामिमजामिं प्र
मृणीहि शत्रून्" ॥ ५ ॥ (ऋ. ४. ४. १–५.) ॥ ६ ॥ **अदितिर्देवमाता**
देवास्तत्सुताः। गन्धर्वा हाहाहूहूप्रभृतयः। मनुष्या मनोरपत्यानि। पि-
तरः कव्यवालादयः। असुराः प्राणहारका हिरण्यकशिपुप्रभृतयः।
तेषां सर्वभूतानामन्येषामपि सर्वेषां भूतानां माता मेदिनी। तस्या ना-
मान्तराणि स्तुतये पृथिवीमहतीत्यादीनि। कतमा केति स्वरूपविषयप्र-
श्नद्वये सत्यामृतेत्युत्तरद्वयम्। इति वसिष्ठो वसिष्ठ एवमाह ॥७॥१३॥

अपः स्तौति **आप** इति। आपो वा इदं सर्वमित्येकं वाक्यम्। वि-
श्वा भूतान्याप इति द्वितीयम्। तत्र हेतुः प्राणो वा आप इति। "अ-
न्नमयं हि सोम्य मन आपोमयः प्राणस्तेजोमयी वागिति" हि छान्दो-
ग्यम् (६. ५. ४.) विशेषवचनं पशव इत्यादि। पशवो जंगमानि अन्नं
स्थावराणि। अमृतं रसः। राड्विराट्स्वराट्सम्राजः पूर्वादिदिशां ना-
मानि। सर्वं मूर्त्तमपां विकारः। ओमोंकारवाच्या आप इत्यर्थः ॥ १ ॥
मध्याह्नाचमनायाब्दैवतो मन्त्र **आप** इति। ब्रह्मणस्पतिर्ब्रह्मणस्पतयः।
ब्रह्मपूता वेदपूता पृथ्वी मां पुनातु। सर्वं पुनन्तु शोधयन्तु मां प्राप्यापो
असतां च प्रतिग्रहं पुनन्तु ॥२॥ अग्निश्चेति सायमाचमनमन्त्रः। यदह्नाह-
स्तदवलुम्पतु। सत्ये ज्योतिषीति सायं पाठः ॥ ३ ॥ **सूर्यश्चेति**। यद्रा-
त्र्या रात्रिस्तदवलुम्पतु। सूर्ये ज्योतिषीति प्रातर्मन्त्रपाठः। सायमग्नेः

प्रधानत्वादग्नी रक्षतु प्रातः सूर्यप्राधान्यात्सूर्यो रक्षतु । अह्ना कृतान्यहरपोहतु रात्रिकृतानि रात्रिरपोहत्विति प्रार्थना ॥ तत्र मन्त्रान्तरम् । **अहर्नो** अत्यपीपरद्रात्रिर्नो अतिपारयद्रात्रिर्नो अत्यपीपरदहर्नो अतिपारयदिति ॥ अत्रैव शाखान्तरं च । "यदह्ना कुरुते पापं तदह्ना प्रतिमुच्यते । यद्रात्र्या कुरुते पापं तद्रात्र्या प्रतिमुच्यते" इति ॥ ४ ॥ १४ ॥

गायत्र्यावाहनं **आयात्विति** । देवी अक्षरं माता इदं ब्रह्मेत्यविवक्षिता संहिता ॥ गायत्र्याद्यावाहनमन्त्र **ओजोऽसीति** । धाम नामासीति मकारनकारावसंयुक्तौ पठनीयौ । अभिभवतीत्यभिभूः । मध्याह्ने सावित्र्यावाहनमपराह्णे सरस्वत्यावाहनम् ॥ १ ॥ **ओं भूरि**त्यादिः प्राणायाममन्त्रः । तदुक्तम् । "एता एतां सहैतेन तथैभिर्दशभिः सह । त्रिर्जपेदायतप्राणः प्राणायामः स उच्यत" इति । अस्यार्थः । एताः सप्तव्याहृतीरेतां सावित्रीमेतेन शिरसा सह दशभिः प्रणवैश्च सह त्रिवारं गृहीतप्राणो जपेदेष प्राणायाम इति प्राणायामे ॥ २ ॥ मन्त्रान्तरं **भूर्भुवरिति** । भूराद्या मधु क्षरन्तीत्यन्वयः । यन्मधु तद्ब्रह्म वेदस्तदेवापः कर्मफलं या आपस्ता एव ज्योतिरादयः ॥ ३ ॥ मन्त्रान्तरं **ओं तद्ब्रह्मेति** ॥ ४ ॥ सन्ध्याविसर्जनमन्त्र **उत्तम** इति । उत्तर इति कचित्पाठः । ब्राह्मणार्थमागता त्वमनुज्ञाता सती गच्छ । गयायाः पश्चिमभागे स सन्ध्यापर्वतः ॥ ५ ॥ भोजनावसरेऽन्तरग्नेः प्रार्थना । **अन्तश्चरसीति** । विश्वमूर्त्तिषु सर्वेषु देहेषु । विश्वतोमुख इति केषाञ्चित्पाठः ॥ ६ ॥ भोजनादावाचमनमन्त्रो**ऽमृतोपस्तरणमसीति**। अत्र स्वाहेति पठन्ति । त्वमुदकामृतस्योपस्तरणं प्राणस्योपवेशनभूमिश्छादकं वस्त्रमसि । तदुक्तम् । "किं मे वासो भविष्यतीत्याप इति होचुरिति" (छा. ५. २. २.) ॥ ७ ॥ प्राणाहुतिमन्त्रानाह **प्राण** इत्यादि । निविष्टः कृतधारणः । अमृतं हविः ॥ ८ ॥ इदानीमन्नाहुतिमन्त्रान्तरमाह **प्राण** इति । शिवोमाविशाप्रदाहाय । हे शिव हे ओंकारवाच्य

त्वमप्रदाहायान्नवद्देहदाहो मा भूदेतदर्थं रक्षकत्वेनाविश देहे प्रवेशं कुर्वितीश्वरप्रार्थना। शिवो मा प्रविशेति पाठे शिवस्त्वं मा मां प्रविशेति योजना ॥ ९ ॥ ततः पुनराचमनमन्त्रोऽ**मृतापिधानमसीति**। अमृतस्य प्राणस्यापिधानमाच्छादनवासोऽसि । यदुक्तम् । "तस्मादेतदशिष्यन्तः पुरस्ताच्चोपरिष्टाच्चाद्भिः परिदधति लम्भुको ह वासो भवतीति" (छा. ५. २. २.)। अस्यैव शेषो ब्रह्मणि स आत्मामृतत्वायेति । स एवंकारक आत्मा ब्रह्मण्यमृतत्वाय मोक्षाय भवति ॥ १० ॥ १५ ॥

श्रद्धायामित्यादयः शिवप्रार्थनामन्त्राः। अपाने निविश्येत्यादावपि श्रद्धायामिति योज्यम्। श्रद्धायां सत्यामित्यर्थः ॥ १ ॥ **रुद्र** ओमाविशान्तकस्त्वम् ॥ २ ॥ अंगुष्ठक्षालनमन्त्रोऽ**ङ्गुष्ठमात्र** इति । पुरुषो अंगुष्ठं चेति "प्रकृत्यान्तःपादमव्यपर" इति प्रकृतिभावः (पा. ६. १. ११५.) पादाद्यन्तयोरपि कृतः। अंगुष्ठमात्र इति मन्त्रेणांगुष्ठे जलावसेचनम् ॥ ३ ॥ मेधामन्त्रानाह **मेधेति**। मेधा धारणाशक्तिर्जुषमाणा सेवमाना नोऽस्मानागादागता विश्वाची विश्वमञ्चति विश्वविषया भद्रा कल्याणकारिणी सुमनस्यमाना सुमनाः प्रसन्ना भवन्ती देवतात्वात्। त्वया जुष्टाः सेविता वयं बृहदुन्नतं वचो वदेम। दुरुक्तान्दुष्टवचसो जुषमाणाः प्रीणयन्तः प्रतिवादिनः सूक्तैर्हर्षयन्त इत्यर्थः। विदथे वेदने ज्ञाने सुवीराः सुतरां शूराः ॥ **त्वयेति**। त्वया सेवितो जनो मेधावानृषिर्भवतु भवेत्। त्वं देवी द्योतमाना त्वया जुष्टो ब्रह्मा भवेत्। गतश्रीः प्राप्तश्रीरुतापि त्वया जुष्टः। त्वया जुष्टः सेवितश्चित्रं विचित्रं वसु द्रव्यं विन्दते लभते सा त्वं नोऽस्मान् जुषस्व द्रविणेन द्रव्येण प्रीणय हे मेधे ॥ ४ ॥ **पुष्करस्रजौ** कमलमालिनौ ॥ ५ ॥ **अप्सरासु** । अप्सराशब्द आकारान्तोऽप्यस्ति । मनः कल्पनाशक्तिः। दैवी देवसम्बन्धिनी । मनुष्यजा मनुष्यसम्बधिनी।

सुरभिः कामधेनुर्जुषतां सेवताम् ॥ ६ ॥ **आ मामिति** । मेधा मामाजगम्या आजगम्यात् । यथा । "आ मा वाजस्य प्रसवो जगम्यादेमे द्यावापृथिवी विश्वरूपे" (वाजस. ९. १९.) । जगती विश्वव्यापिनी । ऊर्जस्वती दीधितिमती । पयसा क्षीरेण पिन्वमाना पीनतामापद्यमाना । वृद्धिः क्षीरेण वर्धते । सुप्रतीका शोभनांगी । "सुप्रतीकः शोभनांगे भवेदीशानदिग्गज" इति विश्वः (मेदिनी च) । जुषतां सेवताम् ॥ ७ ॥ १६ ॥

पञ्चवक्त्रमन्त्रानाह **सद्योजातमिति** । सद्योजातः प्रथमजातः । प्रपद्यामि । उपग्रहव्यत्ययः प्रपद्ये । भवे भवे जन्मनि जन्मानि नातिभवेऽतिक्रान्तो न भवामि सर्वेषु जन्मसु त्वन्निष्ठ एव भवामि । भजस्व मां त्वत्प्रसादभागिनं कुरु । भवोद्भवाय संसारोत्पत्तिहेतवे ॥ १ ॥ द्वितीयो मन्त्रो **वामदेवायेति** । वामं कुटिलं विषभक्षणादिलोकविरुद्धं दीव्यति क्रीडति तस्मै । कलविकरणाय कलं मधुरं विकरणं विकारो यस्य साश्चर्यचेष्टितस्तस्मै । बलविकरणाय बलवद्विकरणं यस्य । बलप्रमथनाय बलवतां प्रमथनाय । सर्वभूतदमनाय कालरूपत्वात् । मनोन्मनाय मन उन्मनयत्युन्मनीभावं गमयति मनोन्मनस्तस्मै मनोजयहेतवे ॥ २ ॥ **अघोरेभ्यः** सौम्येभ्योऽथ घोरेभ्यः क्रूरेभ्यः । हे घोर । "भीमे हरे घोर" इति विश्वः (मेदिनी च) । घोरतरेभ्योऽतिघोरेभ्योऽपि भीम सर्वतो नमस्तेऽस्तु सर्वेषु पार्श्वेषु । सर्व सर्वात्मक ते तुभ्यं नमोऽस्तु । हे रुद्र ते तव सर्वेभ्यो रूपेभ्यो नमोऽस्तु ॥ ३ ॥ **तत्पुरुषाय** स प्रसिद्धश्चासौ पुरुषश्च तस्मै विद्महे जानीमः । महादेवाय महते देवाय धीमहि ध्यायेम । तत्तस्मान्नोऽस्मान् रुद्रः प्रचोदयात्प्रचोदयति प्रेरयति बुद्ध्यध्यारूढं । चुद प्रेरणे लेट् तिबितोलोप आट् ॥ ४ ॥ **ब्रह्माधिपतिर्ब्राह्मणाधिपतिर्ब्रह्मणोऽधिपतिर्वेदानामधिपतिः** । विशेषणचतुष्टयविशिष्टो ब्रह्मा शिवः कल्याणकारी मे ममास्तु । हे सदा-

शिव ओमोंकाररूप त्वत्प्रसादाद्ब्रह्मादयो मे कल्याणकारिणः सन्तु ॥ ५ ॥ **ब्रह्मेति** । ब्रह्मा मां मेतु प्राप्नोतु जानातु वा । मी गतिमत्योः क्र्यादिर्व्यत्ययेन शपो लुक् । एवं मध्वमृतं मां मेतु । पुनः प्रार्थना हे ब्रह्म । सम्बोधने नलोपो वार्त्तिकात् (कौमुदी. ३६८.) । मे मह्यमव रक्ष । आदरार्थं पुनर्मधु मेतु माम् । यस्ते तव सोम प्रजावत्प्रजामर्हति सोऽभि अभिमुखोऽस्तु किं बहुना सोऽहं स्याम् । हे दुःस्वप्नहन् हे सोम दुरुष्वहा त्वम् । दुष्टमुष्वं दाहं हन्ति दुरुष्वहा त्वमसि । हे सोम तव मनःस्वरूपस्य यान्प्राणान् वागादीन्पश्यामि तानपि तव स्वरूपे जुहोमि । मनश्चन्द्रो मनसि च वागादयो हूयन्ते ॥ **त्रिसुपर्णमिति** । सद्योजातादयः पञ्च मन्त्रा ब्रह्म मेतु दुःस्वप्नहन्निति । त्रिसुपर्णमप्रार्थितमेव ब्राह्मणाय दद्यात्पाठयेदिति विधिः । किमर्थं देयमिति शंकायां महाफलत्वादित्युत्तरमाह ब्रह्महत्यां वा इति । सोमं प्राप्नुवन्ति सोमपानफलं प्राप्नुवन्ति सोमलोकं वा ॥ ६ ॥ **ब्रह्ममेधया** ब्रह्मबुद्ध्या मधुबुद्ध्या च ब्रह्म मे मह्यमव ॥ **अद्या न** इति व्याख्यातम् ॥ **य इमं** ब्राह्मणाय दद्यात्स उक्तफलं लभत इति शेषः ॥ ७ ॥ **ब्रह्ममेधवा** छान्दसो यास्थाने वाशब्दः । स एवार्थः ॥ **ब्रह्मा देवानामि**त्यादि व्याख्यातम् ॥ ८ ॥ १७ ॥

वैश्वदेवमन्त्रानाह **देवकृतस्येति** । अवयजनं यागपूर्वकं निराकरणम् । यच्चाहमेनोऽकार्षं यद्विद्वांसो वयं वागादिरूपाश्चेत्यष्टममन्त्रार्थः। सप्तमे तु विद्वांसः पुत्रादिसहिता इत्यपौनरुक्त्यम् । एकादश मन्त्राः । पञ्चमस्त्वन्यकृतस्येति मन्त्रः ॥ १ ॥ आत्मनोऽकर्तृत्वसिद्धये मन्त्रमाह **कामोऽकार्षीदिति** । हे कामैतत्ते तव हविः कामाय स्वाहा ॥ २॥ नन्वात्मघातादौ कामाभावे कथं प्रवृत्तिरत आह **मन्युरिति** । हे मन्यवेतत्ते हविर्मन्यवे स्वाहा ॥ ३ ॥ १८ ॥

तिलहोममन्त्रानाह **तिलाः कृष्णा** इति । यन्म इति । तिलाः शान्तिं कुर्वन्तु दुष्कृतं शमयन्त्वित्यर्थः । चौरस्यान्नमिति । सर्वत्र पापं लक्ष्यते ।

नवश्राद्धमेकादशाहश्राद्धं । तच्छमयन्तु शान्तिं च कुर्वन्त्वित्यर्थः । गणान्नमिति । गणादीनां लक्षणानि स्मृतावुक्तानि (मनुः ४. २०९.) । एतद्भुक्त्वा यत्पापं तच्छमयन्तु । श्रद्धा प्रजा च मेधा च भवतु । शान्तिं कुर्वन्तु । श्यादयस्तिलास्तद्धेतुत्वाद्बहुपुत्रिणं कुर्वन्तु शमयन्तु पापम् ॥ १ ॥ **अग्नये स्वाहे**त्यादयः षट्त्रिंशद्बलिमन्त्राः । द्विरन्तरिक्षग्रहणं प्रमादश्चेत्पञ्चत्रिंशद् । यदेजति कम्पते जगति लोके यच्च चेष्टति चेष्टते नान्यो भागो यत्नात्प्रयत्नान्मे मह्यं भवतु स्वाहा स एवात्मनो भागो नान्य इत्यर्थः । मान्य इति पाठे स एव भागश्चेतनांशो मे मम मान्यो माननीयो नान्य इत्यर्थः ॥ २ ॥ १९ ॥

पुनर्बलिमन्त्रानाह **ये भूता** इति । वितुदस्य व्यथकस्य प्रेष्ठाः प्रियतमाः ॥ १ ॥ इन्द्रप्रकाशकमन्त्रानाह **सजोषा** इति । सप्रीतिः । हे इन्द्र सगणो गणसहितो मरुद्भिः सप्तसप्तकैः सहितः सोमं याज्ञिकैर्दत्तं पिब । हे वृत्रहन् हे शूर विद्वान् वेत्तापमृधो दुर्जनान्नुदस्व । कृणुहि कुरु । "उतश्च प्रत्ययादित्यत्र छन्दसि वेति वक्तव्यं" (महाभाष्यं ६. ४. १०६.) इति हेरलुक् ॥ २ ॥ **त्रातारमवितारमिति** स्तुत्यर्थत्वान्न पौनरुक्त्यमदृष्टार्थत्वाच्च मन्त्राणामत एवेन्द्रशब्दस्य पञ्चकृत्वः प्रयोगः । अथवावितारं तर्पकम् । हवे हवे यागे यागे । ह्वयामीति प्रार्थनायां लेट् । शक्रं शक्तं पुरुहूतं महद्भिराहूतम् । स्वस्ति कल्याणमाधात्वादधातु । श्रुव्यत्ययेन लुक् ॥ ३ ॥ भयामहे विभीमः । हे मघवञ्छग्धि शक्तान् कुरु तव तत्त्रोतिभिर्नोऽस्मान् शग्धि । विद्विषो द्विषो द्वेष्टॄन् विमृधो दुष्टान् जहि नाशय । त्वं न इति पाठे त्वं कर्त्ता ॥ ४ ॥ **स्वस्तिदाः** कल्याणप्रदः । विड्विशां मनुष्याणां पतिः । वृत्रहा वृत्राणि पापानि हन्ति । विमृधो वशी दुष्टवशकर्त्ता । वृषा वृष्टिकर्त्ता । पुरोऽग्र एत्वागच्छतु नोऽस्माकम् ॥ ५ ॥ **ऊर्ध्वं** इति । ऊ उञ् । "इकः सुञीति" दीर्घः (पा. ६. ३. १३४.) । षु "सुञ" इति षत्वम् (पा. ८. ३. १०७.) । णो नः । "नश्च धातुस्थोरुषुभ्य" इति णत्वम् (पा. ८. ४. २७.) । ऊतये । "ऊतियूतिजूतिसातिहेतिकीर्त्तयश्च"

इति वेञः क्तिनि रूपम् (पा. ३. ३. ९७.)। तिष्ठा "द्व्यचोऽतस्तिङ" इति दीर्घः (पा. ६. ३. १३५.)। ऊतये समृद्ध्य ऊर्ध्वस्तिष्ठ देवो न देव इव सनिता दाता। वाजस्यान्नस्य सनिता दाता सन् सन्मुख ऊर्ध्वस्तिष्ठ। यदञ्जिभिर्यद्व्यक्तिभिर्वाघद्भिः शब्दैर्विह्वयामह आवाहयामः ॥ ६ ॥ सूर्यमन्त्रः **तरणिरिति**। तरणिस्तारको विश्वदर्शतो जगद्दर्शको ज्योतिष्कृत् प्रकाशकृदसि भवसि सूर्य हे। विश्वं सर्वमाभासि प्रकाशयसि रोचनं दीप्तिमत्। गायत्रीछन्दः ॥ ७ ॥ **उपयामेति** सोममन्त्रः। उपयामोपगच्छाम गृहीतोऽसि सोम। सूर्याय त्वा त्वां गृह्णामि भ्राजस्वत एष ते योनिरिति पाठ एष सूर्यस्ते तव योनिरुत्पत्तिस्थानम्। पुनः सूर्याय त्वेत्युपसंहारः ॥ ८ ॥ **विष्णुमुखा** विष्णुमुख्याः। "विष्णुर्वै देवानां परमोऽग्निरवम" इति च श्रुतेः (ऐत. ब्रा. १.१.) ॥ ९ ॥ **श्री मे भजतेति**। लक्ष्मीर्मह्यं भजत्वित्यर्थः। अलक्ष्मी मे नश्यतेति। अलक्ष्मीर्मे नश्यत्वित्यर्थः। श्रीलक्ष्मीशब्दयोः "सर्वतोऽक्तिन्नर्थादित्येक" इति ङीष् (कौमुदी. ५०३.)। "हल्ङ्याबिति" सुलोपः (पा. ६. १. ६८.)। भजतनश्यतेति वर्णव्यत्ययः ॥ १० ॥ **महाँ इन्द्रो** महानिन्द्रः। "आतोऽटि नित्यं" (पा. ८. ३. ३.) इति नस्य रुत्वम्। "अत्रानुनासिकः" (पा. ८. ३. २.) इत्यनुनासिकः। "भोभगो" (पा ८. ३. १७.) इति यत्वम्। "लोपः शाकल्यस्य" (पा. ८. ३. १९.) इति लोपः। षोडशिग्रहस्तद्देवतात्वात् षोडशी। हन्त्विति तं पाप्मानं हन्तु यः पाप्मास्मान्द्वेष्टि ॥ ११ ॥ **शरीरमिति**। शरीरं यज्ञोऽर्जनभूमित्वात्। अथवा "पुरुषो वाव यज्ञः" (छा. ३. १६. १.) इत्युपासनाविषयत्वात्। शमलं पापं कुसीदं वाणिज्योपार्जनीयं द्रव्यम्। तस्मिन् सीदत्ववस्थानं करोतु पापमर्जयञ्जीवत्वित्यर्थः ॥ १२ ॥ **स्कम्भनं** रोधनम्। स्कम्भस्य रोधस्य सर्जनमुत्पादकम्। उन्मुक्तो निवृत्तः। वरुणस्येत्यादिः पाशान्तो वरुणदोषनिवृत्तिकृन्मन्त्रः ॥ १३ ॥ **पदा** पदानि। विचक्रमे विक्रान्तवान्। गोपा इन्द्रियेशः। अदाभ्यः क्लेदानर्हः। दभ दभि क्लेदे। "अच्छेद्योऽयमदाह्योऽयमक्लेद्यो

ऽशोष्य एव चेति" स्मृतेः (गीता. २. २४.)। इतोऽस्माद्भेदात्। धर्माणि धर्मवन्ति। अकारो मत्वर्थीयः। धारयन् संगृह्णन्। अयं विरजाहोमारम्भे विष्णुस्मरणार्थो मन्त्रः ॥ १४ ॥ इदानीं विरजाहोममन्त्रानाह **प्राणेति**। एते सप्त मन्त्राः ॥ १५-२१ ॥ ततो **विचिटि** स्वाहेत्यस्यानन्तरं विधिश्च स्वाहेति केषाञ्चित्पाठः। सम्बुध्यन्तं देवतानाम ॥ २२ ॥ **खखोल्काय** नाम्ना द्युखोल्कायेति केषाञ्चित्पाठः ॥ २३ ॥ हे **आहरितपिंगल** तथा लोहिताक्ष। ददापयिता दानप्रेरकः। छान्दसं द्वित्वम्। अयं वह्नेः प्रार्थनामन्त्रः। एवंविधः सन्नुत्तिष्ठ प्रकटो भव ॥ २४ ॥ २० ॥

ओं स्वाहेत्योंकारेण स्वहान्तेन होमः ॥ १ ॥ **सत्यमेव** परमुत्कृष्टं यल्लोके परं तत्सत्यमेव सत्यादन्यदुत्कृष्टं नास्तीत्यर्थः। तत्र हेतुः सत्येनेति। स्वर्गाद्यन्न च्यवन्ते तत्र सत्यं हेतुरित्यर्थः। सतां हि सत्यं नासताम्। सत्यं तपो दमः शमो दानं धर्मः प्रजननमग्नयोऽग्निहोत्रं यज्ञो मानसं सन्न्यास इति द्वादश नियमाः परमसाधनानीत्यर्थः। तप इति प्रशंसन्तीत्यग्रेतनेनान्वयः। एवं दमादौ। दुर्धर्षमसह्यं दुराधर्षं स्प्रष्टुमशक्यम्। प्रजायन्ते प्रजामुत्पादयन्ति। न्यास इति ब्रह्मा प्रशंसति। तदेव परं साधनमित्याह ब्रह्मा हि पर इति। दार्ढ्यार्थं परो हि ब्रह्मेति पुनरुक्तिः। तेन तन्मतमेव श्रेष्ठमित्यर्थः। तदेवाह तानीति। अत्यरेचयदतिशयं गतः। य एवं वेद तस्याप्येतत्फलं द्रष्टव्यमित्युपनिषद्रहस्यम् ॥ २ ॥ २१ ॥

इममेवार्थमाख्यायिकयाह **प्राजापत्य** इति। प्रजापतेर्गोत्रापत्यम्। अरुणः पिता सुपर्णा माता ॥ आदित्यो रोचते दिवीत्येकं वाक्यं सत्यं वाचः प्रतिष्ठेत्यपरम् ॥ देवतां देवभावम्। तपसऋषय इत्यत्र "ऋत्यकः" (पा. ६. १. १२८.) इति प्रकृतिभावो ह्रस्वश्च। सुवरन्वविन्दन् स्वः स्वर्गं प्राप्ताः। सपत्नान्प्रणुदाम निराकुर्मः। अराती रातिरहितानदातॄन् ॥ शिवं विहितम्। शमः परमं शान्तिः परमसाधन-

मिति वदन्ति धार्मिका इत्यर्थः ॥ वरूथं मुख्यावयवो दक्षिणा सा मित्रा मित्राणि "शेश्छन्दसि बहुलमिति" शेर्लुक् (पा. ६. १. ७०.)॥ विश्वस्य सर्वस्य ॥ प्रजननं प्रजोत्पादनं प्रतिष्ठा वंशस्यास्पदम् । साधुप्रजावाञ्छुद्धमातृतः सुशीलापत्यवान् । तन्तुं तन्वानः सन्तानं विस्तारयंस्तदेव सन्तानोत्पादनमेवानृणमानृण्यम् ॥ अग्नीनामुक्त आधातव्यत्वे हेतुमाह अग्नयो वा इति । देवयानः पन्थास्तत्प्रापकत्वात् । तदुक्तम् । "अग्निर्ज्योतिरहः शुक्ल" इत्यादिकोऽग्निः (गीता. ८. २४.)। का विद्येत्यपेक्षायामाह गार्हपत्यमृगित्यादिलिंगव्यत्ययः । अन्वाहार्यपचनो दक्षिणाग्निः । बृहद्बृहत्साम । इयमुपासनाग्निहोत्रादन्येत्यग्नीनां पृथगुपादानम् । परमं श्रेष्ठसाधनम् ॥ अग्निहोत्रमिति । सायम्प्रातश्च सुहुतमग्निहोत्रं स्विष्टं सम्यगिष्टं कृतं सद्गृहाणां निष्कृतिर्गृहप्रयुक्तपापस्य निस्तरणोपायः । किञ्च यज्ञानामसोमकानां क्रतूनां ससोमकानां च प्रायणं प्रकृष्टमयनमुपायोऽग्निहोत्रं विना तदनधिकारात् । सुवर्गस्य स्वर्गस्य लोकस्य ज्योतिर्मार्गप्रदर्शकम् ॥ १ ॥ २२ ॥

यज्ञ इति । प्रशंसन्तीत्यन्वयः । यज्ञो हि देवानां देवस्वामिक इत्यर्थः । कुत इत्यत आह यज्ञेन हीति ॥ प्राजापत्यं प्रजापतिर्देवतास्य तत्पवित्रं सत्प्रशंसन्ति । तत्र हेतुर्मानसेनेति । मन एव मानसं प्रज्ञादित्वात् स्वार्थेऽण् । तेन तस्य व्याख्यानं मनसेति ॥ न्यासः सन्न्यास एव श्रेष्ठतम इत्याहुर्मनीषिणो ब्रह्माणं प्रति ॥ ब्रह्मा विश्वः सर्वः कतम इति ब्रह्मशब्दस्यानेकार्थत्वात्प्रश्नः । स्वयम्भूः प्रजापतिः संवत्सर इति यः संवत्सरः स स्वयम्भूः प्रजापतिः । संवत्सरः क इत्यत आह संवत्सरोऽसावादित्यो मण्डलात्मा । य एष आदित्ये पुरुषो वर्त्तते स परमे तिष्ठतीति परमेष्ठी ब्रह्मात्मा । इदं कतम इत्यस्योत्तरम् ॥ याभी रश्मिभिरादित्यस्तपति ताभिः पर्जन्यो मेघो वर्षति । श्रद्धादीनामुत्तरोत्तरावस्था मेधादयः । स्मारं स्मृतिकर्म । ब्रह्मयोनिर्ब्रह्मोत्थः । पञ्चधा पञ्चेन्द्रियभेदेन पञ्चात्मा पञ्चभूतात्मा । प्रोतं व्याप्तम् । सर्वैः पुरुषैः सर्वं जगत्प्रत्येकं व्याप्तम् ॥ १ ॥ २३ ॥

उपदेशद्वारा न्यासस्योत्कर्षमाह **स भूतमिति** । भूतभव्याभ्यां सहितं पुरुषं जिज्ञास ज्ञातुमिच्छ । आसक्तिपूरितं जारयिष्ठाः । आसक्त्या आसंगेन पूरितं बहुलीकृतं जारयिष्ठा जीर्णं कृथाः । संगं त्यक्त्वा संसारं तनूकुरु । श्रद्धासत्यः श्रद्धा च सत्यं च तेऽस्य स्तः श्रद्धासत्यः । महस्वान्महोऽस्यास्ति तपसा कायक्लेशसाध्येन । उपरिष्टाल्लोकोपरिवर्त्तमानं तमात्मानमेवमुक्तप्रकारेण ज्ञात्वा साक्षात्कृत्य । केन । मनसा हृदा च बुद्धिचित्ताभ्यां साक्षात्कृत्य भूयो मृत्युं नोपयाहि विद्वाञ्छास्त्रदर्शीति प्रजापतेरारुणिं प्रत्युपसंहारः । तस्मात्कारणान्न्यासं सन्न्यासमेवैषां द्वादशानां तपसां मध्येऽतिरिक्तमधिकमाहुर्बुद्धा इति श्रुतेर्वचः ॥ १ ॥ नारायणस्तावकं मन्त्रान्तरमाह **वसुरण्य** इति । वसुर्निवासभूमिः । अण्योऽण् शब्दे स्तुत्यः । विभूर्विभवति विभूरसि । प्राणे सन्धाता त्वमसि । ब्रह्मन् विश्वसृक् त्वमसि । अग्नेस्तेजो ददाति तेजोदास्त्वमसि । सूर्यस्य वर्चांसि ददाति वर्चोदास्त्वमसि । चन्द्रमस इन्दोर्द्युम्नांसि ददाति द्युम्नोदाः कान्तिप्रदस्त्वमसि । वयं त्वामुपयाम प्राप्तुं प्रार्थयामहे । ध्यानेन पुरः परिकल्प्याह गृहीतोऽसि निर्धारितोऽसि । ब्रह्मणे त्वा महस ओमित्यात्मानं युञ्जीतेति ब्रह्मणे महसे तेजसे तत्प्राप्त्यर्थं त्वां नारायणमात्मानमोमिति युञ्जीतोंकारेणोपास्यतया सम्बध्नीयात् । एतन्महानारायणीयं महदुपनिषद्देवानामपि गुह्यं गोप्यम् । य उपासक एवं देवानां गुह्यमिति वेद स ब्रह्मणो महिमानमुपासकोऽपि प्राप्नोति । आदरार्थमाह तस्माद्ब्रह्मणो महिमानमित्याप्नोतीत्यनुषंगः । इत्युपनिषदित्युपसंहारः ॥ २ ॥ २४ ॥

तस्यैवंविदुषो यज्ञस्य पुरुषस्यात्मा यजमानः स्वामित्वात् । श्रद्धा पत्नी स्त्रीत्वात् । शरीरमिध्मो दीर्घत्वात् । उरो वेदिश्चतुरस्रत्वात् । लोमानि बर्हिर्दर्भाः प्ररूढत्वसाम्यात् । वेदो दर्भमुष्टिर्ग्रथितः स शिखा तदाकृतित्वात् । हृदयं यूपः पश्वधिष्ठानत्वात् । काम आज्यं स्निग्धत्वात् । मन्युः पशुर्वध्यत्वात् । तपोऽग्निर्ज्वलनात्मकत्वात् । दमो

वाह्येन्द्रियनिग्रहः शमयिता शमिता । दक्षिणा वाक् प्रवीणा वाणी होतोत्स्रष्टृत्वात् । प्राण उद्गातोद्गोपकत्वात् । चक्षुरध्वर्युर्मुख्यत्वात् । मनो ब्रह्मा स्रष्टृत्वात् । श्रोत्रमग्नीत्परवाक्यग्रहणपरत्वात् । यावद्ध्रियते धैर्यमाश्रीयते सा दीक्षा निवृत्तिसाम्यात् । यदश्नाति तद्धविराहुतिसाम्यात् । यत्पिबति तदस्य सोमपानं पानसाम्यात् । यद्रमते क्रीडति तदुपसद इष्टिविशेषाश्चेष्टासाम्यात् । स प्रवर्ग्यः क्रियात्रयस्य प्रवर्ग्यं सत्त्वात् । मुखमाहवनीय आहुतिग्राहकत्वात् । याद्याहुतीराहुती इति । या आद्या आहुतीराहुतयः । "तद्यद्भक्तं प्रथममागच्छेत्तद्धोमीयं" (छा. ५. १९. १.) इति श्रुत्यन्तरोक्ताः प्रथमग्रासास्ता अग्निहोत्रस्याहुती ज्ञातव्ये प्रधानत्वसामान्यात् । यदस्य हविषो विज्ञानं वेदनं रसास्वादनं तज्जुहोति होमान्तःस्थत्वसाम्यात् । अत्ति भोजनभिन्नं तत्समिधोऽग्निदीपकत्वसाम्यात् । तानि सवनानि कालसाम्यात् । ते दर्शपूर्णमासौ शौक्ल्यकार्ष्ण्यसाम्यात् । ते चातुर्मास्यानि मासत्वसाम्यात् । ते पशुबन्धाः पशुबन्धानामृतुप्रयुक्तत्वात् । तेऽहर्गणाः सत्राणि बहुदिनसाध्यत्वसाम्यात् । सर्ववेदसं सर्वस्वदक्षिणं विद्याकर्मवासनातिरिक्तस्य सर्वस्याप्यन्ते त्यागात् । यन्मरणं तदेवावभृथः समाप्तिसाम्यात् । जरामर्यं जरामरणपर्यन्तावस्थायि । उदगयन उत्तरायणे । प्रमीयते म्रियते । देवानामर्चिरादिमार्गेण । दक्षिणे दक्षिणायने । पितॄणां धूमादिमार्गेण । यो विद्वान् स एतौ मार्गावभिजयति तस्मादभिजयान्महिमानं श्वःश्रेयसं प्राप्नोति सद्वासनावशात्सदेव करोति ततो ज्ञानद्वारा क्रमेण मुक्तिमाप्नोतीत्यर्थः । तस्मादिति पुनरुक्तिः समाप्त्यर्था । उपनिषद्रहस्यज्ञानमिदम् ॥ १ ॥ नारायणपरा वेदा देवा नारायणांगजाः। नारायणपरा लोका नारायणपरा मखाः। नारायणपरा योगा नारायणपरं तपः। नारायणपरं ज्ञानं नारायणपरा गतिः॥ २५॥

नारायणेन रचिता श्रुतिमात्रोपजीविना । अस्पष्टपदवाक्यानां महानारायणप्रभा ॥ इति महानारायणोपनिषद्दीपिका ॥ ३४ ॥

NOTES.

NOTES ON THE UPANISHAD.

ṚV. = *Ṛigveda* ; TS. = *Taittirîya-Saṁhitâ* ; VS. = *Vâjasaneyi-Saṁhitâ* ; AV. = *Atharvaveda*.

I.

1. The last quarter of this verse is from VS. 31. 19.

2. For the greater part of this see ṚV. 1. 164. 39, or AV. 9. 10. 18. In the *Taittirîya Âraṇyaka* the reading is तदु भव्यमा इदं which makes one syllable too little.

7. For this and the first line of 8, see VS. 32. 1, 2, slightly modified.

10. VS. 32. 2, 3, in a somewhat altered form.

11. Occurs also in *S'veta-Up* : 4. 20.

12. Compare *Tait-Âraṇyaka* 3. 13. 1.

II.

1. VS. 32. 4. - modified. The reading of B. C. D., एषो हि, is manifestly wrong. It should be एषोऽह.

2. ṚV. 10. 81. 3; TS. 4. 6. 2. 4. The reading differs slightly in the two Saṁhitâs.

3–8. VS. 32. 8–13 with modifications.

9. This and the next Mantra look like quotations, but I cannot trace them. In the *Alphabetisches Verzeichniss* at the end of his edition of TS., Professor Weber assigns the 10th Mantra to TS. 4. 2. 7. 1 ; but it is a mistake, for that passage commences with the words मा नो हिंसीज्जनिता.

3. TS. 4. 2. 9. 2; VS. 13. 20.

4. I have no doubt that this verse and the next are quotations, but cannot trace them. Portions of 4–6 are found also in the *Sauparṇa Purâṇa (Dvâraka-mâhâtmya* 6. 13, 14*)*. The passage is as follows :—

इत्युच्चार्य द्विजश्रेष्ठा मृदमालभ्य पाणिना ।
विष्णुं संस्मृत्य मनसा मन्त्रमेतमुदीरयेत् ॥ १२ ॥
अश्वक्रान्ते रथक्रान्ते विष्णुक्रान्ते वसुन्धरे ।
उद्धृतासि वराहेण कृष्णेन शतबाहुना ॥ १३ ॥
मृत्तिके हर मे पापं यन्मया पूर्वसञ्चितम् ।
त्वया हतेन पापेन पूतः सञ्जायते नरः ॥ १४ ॥

13. VS. 6. 22; 35. 12.

V.

4. Ṛ V. 10. 75. 5.

5–7. Ṛ V. 10. 190. 1–3.

VI.

1. Ṛ V. 9. 97. 40. Compare Sâyaṇa's explanation of this Mantra with that given by Nârâyaṇa.

2. Ṛ V. 1. 99. 1.

4. Ṛ V. 1. 189. 2; TS. 1. 1. 14. 4.

5. Ṛ V. 5. 4. 9. (सिन्धुं)

6. AV. 6. 63, slightly changed.

7. Ṛ V. 8. 11. 10; AV 6. 110. 1. The former reads पिप्रयस्व and the latter पिप्रायस्व.

VII.

5. Compare *Tait-Upanishad* 1. 4. 1.

VIII.

3. Found also in *S'vetâs'vatara* 3. 20.

4, 5. *Muṇḍaka* 2. 1. 8, 9.

IX.

1. ṚV. 9. 96. 6; TS. 3. 4. 11. 1.

2. Also in *S'vetâs'vatara* 4. 5.

3. ṚV. 4. 40. 5. (omits बृहत्); TS. 1. 8. 15. 2.

4. VS. 8. 36. It has संराणः instead of संविदानः.

5. Compare ṚV. 1. 22. 7 and 7. 15. 4. The reading here is विभक्तारं which N. gives as a variant.

6, 7. ṚV. 5. 82. 4, 5. It reads दुःष्वप्न्यं.

8–10. ṚV. 1. 90. 6–8; TS. 4. 2. 9. 3.

11–13. VS. 17. 88–90; ṚV. 2. 3. 11, and 4. 58. 1, 2.

X.

1, 2. ṚV. 4. 58. 3, 4; VS. 17. 91, 92.

3. Compare *S'vetâs'vatara* 4. 12. The word देवः which occurs here in the second line, and is found in all the MSS., is not in the S'vetâs'vatara.

4. Also in *S'veta* 3. 9.

5. Also in *Kaivalya* 2–4.

6. Also in *Muṇḍaka* 3. 2. 6.

XIII.

3. ṚV. 1. 43. 1.

6. ṚV. 4. 4. 1–5.

XV.

1. The first portion, to the end of अभिभूः, is from TS. 2. 4. 3. 1, 2.

XVII.

6. Nârâyaṇa's reading ब्रह्म मेतु माम् &c. is decidedly superior to that explained by Sâyaṇa, namely ब्रह्मं एतु माम् &c.

7. अद्या नो...ṚV. 5. 82. 4, 5. मधु वाता:...ṚV. 1. 90. 6–8.

8. ब्रह्मा देवानां...ṚV. 9. 96. 6. हंस: शुचिषत्...ṚV. 4. 40. 5.

XVIII.

1. The first four lines and the last line are from VS. 8. 13.

XX.

2. ṚV. 3. 47. 2; TS. 1. 4. 42; VS. 7. 37. The first and last read वृत्रहा. In explaining this verse, Mahîdhara quotes the Sûtra दीर्घादटि समानपादे (Pâṇ. 8. 3. 9); but the printed commentary has समानपदे, which is also the reading of the Calcutta edition of the *Siddhânta-Kaumudî* (vol. 2, page 534). An old S'âstrî whom I consulted, and who knows the Kaumudî by heart, was in favor of समानपदे as the reading which he had learned,—but all the editions of Pâṇini give the other, and the sense seems to require it.

3. ṚV. 6. 47. 11; TS. 1. 6. 12. 5 (has हुवे नु for ह्वयामि); VS. 20. 50; AV. 7. 86 (with modifications).

4. ṚV. 8. 61. 13; AV. 19. 15. 1.

5. ṚV. 10. 152. 2 (विशस्पति:); AV. 1. 21. 1.

6. ṚV. 1. 36. 13; TS. 4. 1. 4. 2; VS. 11. 42. The first and last, and Weber's edition of TS., read सविता in the first line; the Calcutta edition of TS. has सविता in both places.

7. Ṛ̣V. 1. 50. 4; TS. 1. 4. 31; AV. 13. 2. 19 (रोचन).

8. TS. 1. 4. 31.

9. TS. 1. 7. 5. 4; 5. 2. 1. 1.

11. TS. 1. 4. 41.

12. TS. 7. 3. 11. 1 (यज्ञशमलं).

13. TS. 1. 2. 9. 1.

14. Ṛ̣V. 1. 22. 18 (अतो); AV. 7. 26. 5.

XXIV.

1. Instead of जिज्ञासासक्तिपूरितं जारयिष्टाः, the Taittirîya recension has जिज्ञासक्तूप ऋतजा रयिष्टाः which has nothing but its obscurity to commend it!

XXV.

1. There was no alternative but to follow the manuscript of the Dîpikâ in the reading याद्याहुतीराहुती. Nârâyaṇa's explanation requires या आद्या आहुतीराहुती, and the other reading, unless the copyist is to blame, must be considered a Vaidik irregularity,–though the annotator does not call it so as he is wont to do in such cases.

NOTES ON THE DÎPIKÂ.

I.

1. The Antaryâmi-Brâhmaṇa is *Bṛihadâraṇyaka-Upanishad* 3. 7, or *S'atapatha-Brâhmaṇa* 14. 6. 7.

II.

4. For explanation of परा, पश्यन्ती &c., see the Calcutta Dictionary *Vâchaspatyam* under the latter word,—also Mallinâtha on *Kumâra-Sambhava* 2. 17.

9. The *Chhandovichiti* is a work on Prosody. The following allusion is made to it in *Kâvyâdars'a* 1. 12:—

छन्दोविचित्यां सकलस्तत्प्रपञ्चो निदर्शितः ।
सा विद्या नौस्तितीर्षूणां गम्भीरं काव्यसागरम् ॥ १२ ॥

छन्द इति । छन्दांसि विचीयन्ते निरूप्यन्तेऽत्रेति छन्दोविचितिः शेषादिकृतच्छन्दोग्रन्थश्छन्दोविचितिनामकः ।

IV.

6. The *Durghaṭavṛitti* appears to treat of Poetics. See Colebrooke's *Essays,* Vol. 2. page 65 (note).

8. As to Lakshmî's dwelling in गोमय, see the excerpt from *Mahâbhârata* under that word in *Vâchaspatyam.*

9. The following explanation of this Mantra is given by S'aṅkarâchârya in his *Bhâshya* on *Nṛisiṁha-pûrvatâpanî,* and it is reproduced by Nârâyaṇa in his *Dîpikâ* on the same work:—सन्मात्रब्रह्मणो व्यापिका शक्तिर्भूर्लक्ष्मीरित्युच्यते । कारणमात्ररूपस्य ब्रह्मणः शक्तिर्भुवर्लक्ष्मीरिति । सर्वत्र

स्वात्मतयावस्थितस्य ब्रह्मणः शक्तिः सुवःकालकर्णी इत्युच्यते । महतः प्रकाशात्मकस्य ब्रह्मणः शक्तिर्महालक्ष्मीरिति ॥ An additional note by Nârâyaṇa is also of interest:—कालकर्णी मुद्रा यथा । अङ्गुष्ठावुन्नतौ कृत्वा मुष्टयोः संलग्नयोर्द्वयोः । तावेवाभिमुखौ कुर्यान्मुद्रैषा कालकर्णिका । कालकर्णी प्रयोक्तव्या विघ्नप्रशमकर्मणि ॥ कालमिव कालकं दूरं गतमृणं यया सा कालकर्णी ॥

10. The quotation here is no doubt from some Tantra. See under चक्रमुद्रा in *Vâchaspatyam.* It is strange that this word was not included in the new edition of the St. Petersburg Lexicon.

V.

4. The reference for the *Vârttika* on Pâṇini 4. 1. 39 is to the Bombay edition of the *Siddhânta-Kaumudî.* The corresponding passage in the Calcutta edition is Vol. I., page 226.

5. *Kaumudî* 1916=Vol. I., page 683 of Calcutta edition.

10. The passage cited from the *Gîtâ* is found also in the *S'arabha-Upanishad,* which doubtless borrowed it from the former.

VI.

1. 2. The quotations from the *Nirukta* are from the supplementary chapter which may or may not be Yâska's. That on the Second Mantra is very obscure. Roth gives three different readings of this passage; Nârâyaṇa's agrees generally with that on page 216. The Calcutta edition of the *Nirukta* has not yet completed the *Paris'ishṭa.*

IX.

1. What is the meaning of the word ऋषिणो which occurs

twice in the passage cited from Yâska? The dictionaries and grammars afford no clue.

4. The *Shashṭhapras'na* is of course the sixth chapter of the Pras'na-Upanishad. The seven Soma-saṁsthâs, of which Shoḍas'î is the fourth, are thus enumerated in Âsvalâyana's *S'rauta-sûtras* 6. 11. 1:—Agnishṭoma, Atyagnishṭoma, Ukthya, Shoḍas'î, Vâjapeya, Atirâtra, and Aptoryâma. The fifth has been inadvertently omitted from the list given in *Sacred Books of the East*, Vol. XXIX. page 15 (note).

8. In the Calcutta edition of Pâṇini, prepared under Colebrooke's directions, we find °हिरण्यया for °हिरण्ययानि in 6. 4. 175.

9. The Madhu-Brâhmaṇa is *Bṛihadâraṇyaka-Upanishad* 2. 5,—or *S'atapatha* 14. 5. 5.

X.

1. Both editions of the *Nirukta* read यजनाय instead of यजमानाय. I cannot trace the quotation अहं बीजप्रदः पिता.

5. The words वक्ता शतसहस्रेषु &c. appear to be a statement of a well-known fact and not a citation from another author.

XV.

2. This quotation also baffles me. Compare *Institutes of Vishṇu* (Sacred Books of the East) LV. 9.

XVI.

7. The passage quoted from the *Vis'va-kos'a* occurs also, word for word, in *Medinî*. Mallinâtha fre-

quently cites the former in his commentary on *Kirâtârjunîya*, and I have found many of his quotations in the latter, sometimes *verbatim* and in other cases slightly modified. How is this to be explained? In the above commentary, Mallinâtha quotes from ten dictionaries, but never from Medinî which was probably therefore not then in existence. It looks as if the author of the Medinî had copied wholesale from other works.

XVII.

3. The *Medinî* has घोरो भीमे हरेऽपि च.

6. *Kaumudî* 368=Vol. I, page 162, of Calcutta edition.

XX.

8. Sâyaṇa takes उपयाम as a noun and thus explains it in his *Bhâshya* on TS. 1. 4. 3:—पृथिव्यामुत्पन्नं दारुमयमन्तर्यामसञ्ज्ञकं पात्रमुपयामशब्देनोच्यते ।

9. The words विष्णुर्वै देवानां परमः &c. are not an exact quotation. In Haug's edition of the *Aitareya-Brâhmaṇa* the passage stands thus :—अग्निर्वै देवानामवमो विष्णुः परमस्तदन्तरेण सर्वा अन्या देवताः ।

10. *Kaumudî* 503 = Vol. I, page 230, of Calcutta edition.

In regard to Nârâyaṇa's description of himself in the colophon, see my remarks on page 70. Vol. XV of *Indian Antiquary*. Since writing that article, I have had access to other *Dîpikâs* by Nârâyaṇa on Upanishads previously explained by S'aṅkara, and find that he invariably, at their close, speaks of himself as शंकरोक्त्युपजीविन्.

www.ingramcontent.com/pod-product-compliance
Lightning Source LLC
Chambersburg PA
CBHW020225090426
42735CB00010B/1593
* 9 7 8 3 7 4 3 3 8 2 0 9 1 *